筋力トレーニング法
100年史

窪田　登・著

まえがき

人間と筋力トレーニングとの繋がりは、人間の歴史に遡るほど長いものなのかも知れない。しかしそれはあくまでも想像の域を出ず、当然のことながら具体的なことは全く分からない。したがって、有史時代に入ってやっと筋力トレーニングをやっていたという記録に出会うことになる。

エジプトでは紀元前二五〇〇年頃に何らかの筋力トレーニングが行われていたという。また同じく紀元前一八三〇年頃のアイルランドではウエイト（おもり）を遠投するゲームが広く行われていたという記録が残っている。しかしこれらについてもあまり具体的な記述はない。したがって、当時トレーニングがどのような形でなされていたのかを知る者はいないのではないだろうか。

それがいくぶん具体性を帯びてくるのは、紀元前五四〇〜五二〇年頃からのことである。現在のイタリア南部の一地方といわれるクロトナの怪力者ミロ（Milo）が子牛を毎日肩に担いで歩くトレーニングをした、というのである。彼は成牛になってもこの牛の担ぎ上げ歩行運動が出来たそうである。

ミロのこのトレーニングには実に具体性がある。つまり日々体重が増えていく牛を持ち上げていくその様が、筋力の向上に合わせてバーベルの目方を増やしていく今日のウエイト・トレーニングとさして変わりがないからだ。これがウエイト・トレーニングの原則である「漸進的過負荷の原則（プログレッシブ・オーバーロード・プリンシプル／Progressive Overload Principle）」の起源といわれる所以である。

しかしながら今日のフリー・ウエイトやマシーンを用いた筋力トレーニング、すなわち近代ウエイト・トレーニング（以下、ウエイト・トレーニングと呼ぶ）は十九世紀後半になって発展の弾みがついたように思われる。東プロシヤ生まれのユージン・サンドウ（Eugen Sandow 一八六七〜一九二五）がそれの起爆力になったといわれている。かりにサンドウが二十歳頃からトレーニングの原則的なものを生み出していたとするならば、筋力トレーニング法の歴史も既に百年になるというわけだ。

その後、時代の変遷と共に色々なトレーニング法が開発されていった。特に第二次世界大戦後になってからの発達には目を見張るものがある。

前述したようにサンドウの時代から数えて、すでに百年という歳月が過ぎた。ここらで筋力トレーニング法の変遷を一冊の本にまとめてみるのも無意味なことではあるまい。著者はこう考えて、このたびソニー企業株式会社の御好意によって本書を世に送り出すことになった。

本書は「トレーニング・ジャーナル」誌（有限会社ブックハウス・エイチディ）の一九八四年四月号から翌年の五月号までの計十三回にわたって私が執筆した「筋力トレーニング法の系譜」に加筆訂正したものである。百年間に見られた主なトレーニング法について記したが、中には理論的に理解が困難なものもある。だが、残りの大多数は今日においても十分使いこなせるものである。

トレーニングは長期にわたって継続していかないと大きな効果を上げ得ない。だが、同じトレーニング法に長期にわたって従うのは、飽きやすく、トレーニングの持続がなかなか難しくなる。このようなとき新しい変わったトレーニング法を採用するとトレーニングを長続きさせる原因にもなるだろう。それがまた効果を生み出す原動力にもなる。

この意味において、本書は広く筋力トレーニングの愛好者に重宝していただけるものと信じている。

一九八六年十月十日

著者しるす

第2章　高負荷・低回数制トレーニング——79

復刻版刊行に寄せて

いまから5〜6年前のことだっただろうか、筋力トレーニング専門家として活躍中の長野茂氏に久しぶりに会った。そのとき私は以前氏が勤めていたソニー企業株式会社から出版した拙著『筋力トレーニング法の変遷―100年史』を復刻したい旨を告げた。そして早速の諒承を得た。私はそれ以前からこれの復刻版の出版方を依頼されていた体育とスポーツ出版社の鎌田勉氏にそのことを連絡した。

当時は私も復刻版を出すことに乗り気で、すぐにもその作業に取り掛る心算だった。ところが現実はそう簡単にはいかなかったのである。

1995年に早稲田大学を依願退職した私は、その後故郷の倉敷に戻り、今度は吉備国際大学で第三の人生を歩むことになった。この大学では、社会福祉学部長を皮切りに、順次副学長、学長役におかれ、後述する家内の病のこともあって、大袈裟にいうとその作業に移る時間を見出せないくらい多忙な状態が続いた。

しかし、昨年の2005年3月、大学を依願退職でき、それからは1日24時間の行動を私の一存で決めることが出来るようになった。家内は1992年秋に、脳内出血をおこし、以後歩くことはもちろんのこと、自力で立ち上がることも叶わぬ体になった。私たちは子供がいないので、私が彼女の世話をすることになる。別にこんなことは私にとって体力的にきついものではない。だが、心配という精神的なストレスは強い。

しかし、早いもので、退職してからもうかれこれ一年になろうとしている。私も今のリズムに慣れて、やっとこさ重かった腰も上がり、この１００年史の復刻に時間を割く決心がついた。

１月末からその作業に取りかかり、まず一読した私は、自分の文才のなさに愕然とした。実に恥ずかしい。

だが、復刻版は、たとえ文才がなくとも誰でも読んで理解できる内容に仕上げたいと言う思いに駆られながら作業を続けた。文章に沢山の手直しをした。多くの書き加えもした。したがってこの復刻版は、１９８６年に出版したものに、かなりの量の加筆、訂正、削除をした挙げ句の所産である。

この一連の作業を通じて、私は改めて本著を公にしたときから数えて、今日までのたった20年足らずの間に、筋力トレーニングが我が国でも著しい広がりを見せたことに気付き、強い感動を覚えた。早い話が、新聞、雑誌を見るがよい。筋力トレーニングに関する記事を探すのが実に容易である。女性や高齢者の練習者も増えた。高齢化が進む今日、年をとっても健康で、いつまでも若くありたいと願わぬ人はいないだろう。その為に、筋力トレーニングが果たす役割は極めて大きい。

また、著しく普及した各種スポーツで、記録を伸ばす為にも筋力トレーニングが与って力のあることが広く知られた今日、このトレーニングを欠かすことはできまい。

筋力トレーニングで大きな効果を上げる為には、当然のことだが、これを長期にわたって継続していく必要がある。その場合、毎回同じ内容のプログラムを繰り返していくのは飽きやすく、またそれがために効果も上げ難くなる。そこで大切なのがトレーニングの方法論に明るいということである。

私はこの意味において、本書が多少なりともみなさんのお役に立つのではないか、と自負するものである。尚、本著は復刻版に当たって、題名を『筋力トレーニング法100年史』としたことを申し添えておく。この本がいつまでも座右におかれて、その機能を果たしてくれることを祈りつつ。

2007年2月吉日

窪田　登《みのる》

第1章　近代ウエイト・トレーニングの始まり

はじめに

　ここのところ筋力トレーニングに関心を持つ人が増えた。お年寄りはもちろん、女性の間にも浸透している。

　1980年代初期の話だが、私があるアスレチック・クラブでトレーニングをしていたら、一人の若いアメリカ人女性がユニバーサル・マシーンによるトレーニングとジョギングの両者を上手く組み合わせてトレーニングをしているのが目についた。それは一種のスーパー・サーキット・ウエイト・トレーニング（Super Circuit Weight Training）であった。

　私はアメリカにおけるウエイト・トレーニングの様子を聞いてみるつもりで彼女に話し掛けた。気軽に応じてくれたその話の中で、特に私には次の部分が耳の奥底に残った。

「私が、ウエイト・トレーニングを始めるのよ、って言ったら、私のお友達のなかで2通りの反応があったんです。日本人のお友達は口を揃えて、まあそんなトレーニングをしたらムキムキマンみたいになっちゃうわよ、って言うんです。ところが、アメリカ人のお友達はみんな、それはいいわ、頑張ってね、って言ったんです。まだ、日本の女性はウエイト・トレーニングについては古い考え方から脱却できていないようですね」

　この言葉から分かるように、まだ日本では筋力トレーニングが女性の間では正しく評価されてい

有史以前は生活を通じて筋力が自然と強くなっていった

なかったようである。お年寄りにおいてもそうである。
それはともかく、当然のことながら筋力トレーニングは人間の歴史と同じくらい長い歴史を持っているに違いない。夷狄（いてき）や猛獣の襲撃に備えて自分達の居住地区を守る為には、激しい労働が必要であっただろう。今日と異なって、機械がなかった時代であってみれば、その労働が筋肉を激しく使うことによってのみなされるタイプのものであったに違いない。筋肉を強く使えば、必然的に筋力が強くなる。ともかく有史以前の筋力トレーニングについては、それこそ想像の域を超えぬのでなんとも言えないが、多分、生活を通じて自然に筋力が強くなっていくような形のものだったに相違ない。人間には競争心がある。従って例えばそこに大石があればそれを肩に担ぎ上げたり、投げたりして力を競ったに違いない。力比べとして、格闘技もしただろう。おそらくはこうした作業や運動を通じて、極く自然に筋力づくりが行われていたものと考えられる。

　こうして有史時代に入る。

　史実によると、既にエジプトでは、紀元前２５００年頃から筋力を発達させる為の運動が行われていたようである。また、アイルランドでは、紀元前１８２９年頃にアイルランド・ゲームの一つとしてウエイト（おもり）を投げる競技（ウエイト・スローイング、Weight Throwing）が行われていたらしい。そして古代中国の周の時代（紀元前１１２２～２５６）には、軍人を採用するとき、重量物を持ち上げさせて候補者の筋力を評価したそうである。こんなテストがあったからには、当時何らかの形の筋力トレーニングが実施されていただろうことが想像できる。

　紀元前５４０～５２０年頃に活躍したクロトナ（今のイタリア南部のある地方）のミロ（Milo）は、その特異な筋力トレーニング法で今日までもその名が残っている。彼は、古代ギリシャ時代のオリンピアの祭典で、20数年間にわたってレスリングのチャンピオンとして君臨した偉大なスポーツマンである。その彼が、レスリングで必要な筋力を鍛える為に、子牛が成牛になるまで、これを毎日肩に担いで歩いたというのだ。

　競技会に臨んだ彼は、四歳の牛を肩に軽く担いでスタジアムを端から端まで歩いて見せた。距離にして約１８０メートル。四歳の牛といえば、軽く４００キログラムを越す。

　このように軽い重量からトレーニングを開始して、筋力の伸びに合わせながら、次第に使用重量を高めていく方法は、今日のウエイト・トレーニングの原則である「漸進的過負荷（プログレッシブ・

オーバーロード、Progressive Overload)」と全く変わりがない。このようなわけでミロの故事にウエイト・トレーニングのこの原則の起源を求めることが多い。

ミロの生きていた時代は俗に言う「力の時代」であった。彼と力比べをして簡単にこれを打ち負かしてしまった羊飼いのティトルムス（Titormus）のような怪力者もいた。またこの時代は、315ポンド（約143キログラム）もの丸石を両手で肩まで持ち上げて、頭を越して片手でこれを投げ捨てたと伝えられるビボン（Bybon）や、1058ポンド（約481キログラム）の大石を地面から持ち上げたエウマスタス（Eumastas）などが出現したことでも有名である。

こうした怪力は何もしないままではとうていその獲得が不可能である。従って、なんらかのトレーニングが目的的に行われていたのに違いない。今日とは違って特別に面白い遊びもなかったと思われる当時のことゆえ、こうした重いものを持ち上げるという極めて単純なトレーニングが即ゲーム

エウマスタスが持ち上げたといわれる大石（最上段）

であったのかもしれない。また今日のようなバーベルはまだこの時代には存在していなかったので、持ち上げる対象となったものは、石あるいは穀物や砂が入った袋様のようなものだったのではないだろうか？

とは言うものの古代ギリシャ時代には、既に今日で言うダンベルの原型（ハルテレス、Halteres）は存在していたのである。大英博物館では、それらを「ジャンピング・ウエイト」という名称の下に見ることが出来る。ジャンピングとあるのは、このウエイト（おもり）を持って「跳ぶ」運動をしたからである。それらは10ポンド（約4・5キログラム）くらいのものだが、形状にはいろいろなものがあったようだ。私が見たもののなかにはこんなのがあった。ちょうど犬が口に銜えて遊ぶ骨のような形をしたもので、握り部分には握りやすいように手の指型がつけられており、その短い棒の両端が握り部分よりも少し大きく瘤状になっているものだ。

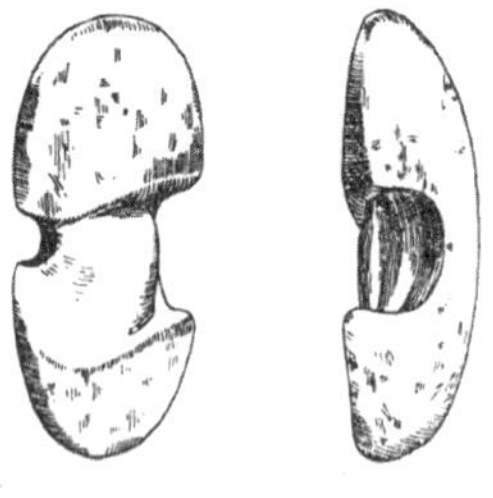
今日でいうダンベルの原型『ハルテレス』

イタリアのシシリー島に残っているモザイク。今日の女性のウエイト・トレーニング姿とそっくりである

私は、これが今日のダンベルの原型だと思っている。握り棒の部分が太いだけで、その他は両端に球状のおもりがついている現在のダンベルとほとんど変わりがないからである。

ところで、先年、イタリアのシシリー島に残っている紀元三世紀頃のものと思われるモザイクの写真が"Time"誌（１９８2年8月30日号）に記載されているのを見て私は驚いた。何と、それが今日と寸分たがわぬビキニスタイルの女性が両端に球のついたこれまた今日のものとそっくりのダンベルを手に持ってトレーニングをしている姿だったからである。

これからも分かるように、既に三世紀頃にはダンベルによるトレーニングが確実に男女の間で行われていたのである。

ローマ時代の著明な政治家であり、哲学者、悲劇作家でもあったセネカ（Seneca, 紀元前４?〜紀元65年）はウエイトによるトレーニングを大いに推奨したと言われている。またギリシャ生まれの医師ゲイレン（Galen）も紀元二世紀頃にダンベルで運動をしている情景を書き残しているとも伝えられている。これらから今を去る１８００年もの昔には、既になんらかのウエイト・トレーニング的なトレーニングが行われていたことが分かる。

しかし、それらは今日でもそうだが、健康や体力の維持・増進を図ったり、体のプロポーションを改善する為に行う軽いウエイト・トレーニングと、強い筋力を生み出し筋肉を極限まで発達させる為のヘビーなウエイト・トレーニングに、ハッキリと区別をつけなくてはならぬだろう。

つまり前記のセニカやゲイレンが志向しているのは軽いウエイト・トレーニングであり、ミロやティトルムスなどのそれはヘビーなウエイト・トレーニングである。もちろん、一般にウエイト・トレーニングと言うときには後者をイメージするのが妥当であろう。従って、本書ではその本来のウエイト・トレーニングを中心に記していくことにする。

尚、序だがディアンヌ・F・ニューハム（Dianne F. Newham）は、１９９３年に、共著した著書"Muscle Strength"の中で、「オーバーロードの原則は初めて整形外科医のドローム（DeLorme）によって１９４６年に注目を浴びた。そして今日に至る筋力トレーニング・プログラムの基礎となってきた」と記している。

１　20世紀以前のトレーニング

グーツムーツとヤーンの功績

今日的なウエイト・トレーニングの源については一九世紀の初め体育指導者として世界的に注目を浴びたドイツ人のグーツムーツ（Gutsmuth、１７５９〜１８３９）とヤーン（Jahn、１７７８〜１８５２）の二人に負うところが大きいといわれている。二人ともヘビーなレジスタンス・エクササイズ（抵抗負荷訓練、今日ではレジスタンス・トレーニングということが多い）を推奨したからである。特に、グーツムーツは１８０４年に出した「青年の体操」の第二版でダンベル体操を紹介した。これが契機で、ダンベル運動が一般大衆の関心を高めたと言われている。

グーツムーツ、19世紀体育の中にダンベル体操を紹介した

こうして、今日的なウエイト・トレーニング、つまり近代ウエイト・トレーニングの始まりをみるのである。

しかし、その第一号が誰だったかを指摘するのは極めて困難である。スコットランドのウエイト・トレーニング研究家であ

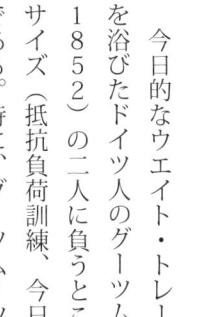

ナポリ、近代ウエイト・トレーニングの第一号

るD・ウエブスター（David Webster）は、あえてその名前を挙げるならば、イタリア生まれのF・ナポリ（Felice Napoli）が妥当だろうという。

　ナポリは1820年頃に生まれ、長じてサーカスや市場などで力技を演じて各地を回り、L・アティラ（Louis Attila、1844～1924）、D・ディニー（Donald Dinnie）、そしてF・ミューラー（Frederick Muller、1867～1925）の3名に大きな影響を与えたと言う。ミューラーは、後年、「近代ウエイト・トレーニングの父」と呼ばれるE・サンドウ（Eugen Sandow）その人である。

重量調節式ダンベルとアティラ

　アティラは英国のキング・エドワードがまだウェールズのプリンスだった頃、身体訓練（Physical Culture）を指導したのを初め、ヨーロッパ各国の王侯貴族を教育したことで有名である。また、バーの両端についている球の中を空洞にして、この中に鉛の玉を入れて目方を調節出来るダンベル（hollow shot leading dumb-bell）をポピュラーにしたことでも名を知られている。一説では、アティラがこの新型ダンベルを発明したともいう。1800年代末期のことである。

因に、それ以前のダンベルはバーの両端についている球が空洞ではなく、全く目方の調節が不可能なタイプのものであった。フランスのトリエ（Triat、1813～81）は84キログラムのダンベルを作り、これを片手で頭上へさし上げた記録が残っている。

それはともかくD・ウエブスターによると、一九世紀の終り近くに出来たこの便利な重量調節式ダンベルが、その後四半世紀もの間、力比べの試合時に用いられなかったと述べているが、まことに不思議と言わざるを得ない。なお、ついでにE・チューイ（Edward Chui）は、「形の整ったバーベルは17世紀まで知られていなかった」と述べている。

そしてC・M・ウィリアムズ（C.M.Williams）は「バーベルはフランス人がダンベルを改造して出来たものだと教わっている」と、その著“Bar-bell Exercises”の中に記している。しかし、その時期などについては何ら明記していない。チューイの意見を信頼するならば、それは17世紀に入ってからのことであったのかも知れない。

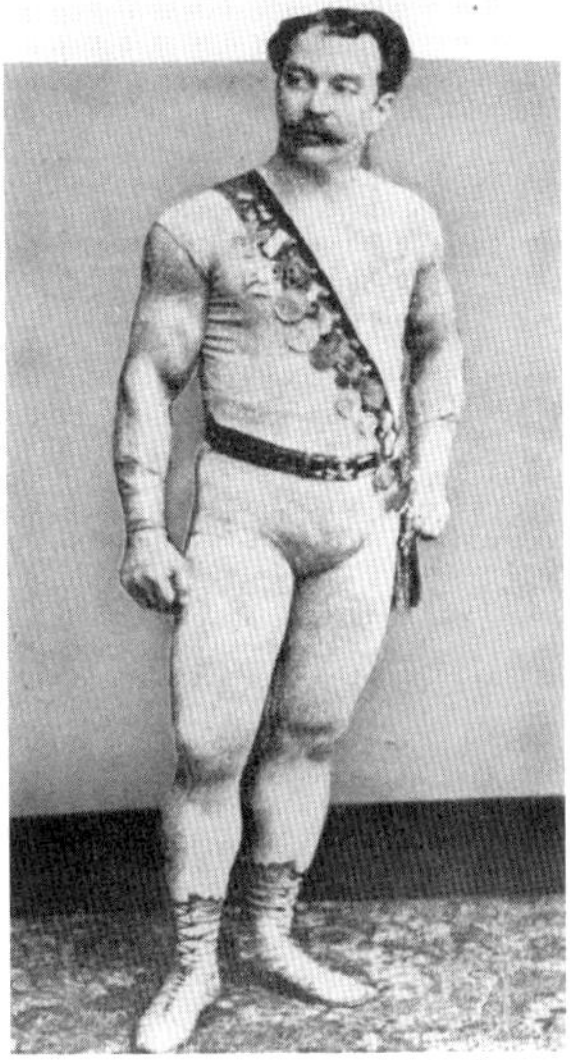

L．アティラ、重量調節式ダンベルを発明したといわれる

さて、話は元に戻るが、アティラはベントプレスで200ポンド（約91キログラム）以上を持ち上げていたようである。これはたぶん、この種目でのリフティングとしては、当

時彼の右に出る者がいないくらい高い水準の記録であっただろう、と思われる。ベント・プレスは、片手でバーベルかダンベルを肩の横で支持して立って構え、膝を曲げ、上体を前下に捻るように曲げていきながら腕を上に伸ばしておもりを頭上に押し上げる種目である。バーベルはバーが長くてバランスをとりやすいので、ダンベルよりも重い重量を持ち上げられる。

三島由紀夫もここでトレーニング

アティラは一時期、ユージン・サンドウを指導したことがある。

世界的に影響を与えたアティラは、後年アメリカに渡り、1894年（あるいは1893年？）にニューヨークにフィジカル・カルチャー・スタジオを開いた。これは当時、アメリカで最も進んだトレーニング施設であった。今日でいうボディビルディング・ジムである。ここは彼の死後、女婿のS・クライン（Siegmund Klein）によって受け継がれた。その彼もたしか1990年代に死去したと聞いている。なお、このアティラのスタジオよりも以前に、G・B・ウィンシップ（George B.Winship、1834～76）の建てたウィンシップ・ジムネージアムがあり、筋力追求者のメッカになったこともある。ボストンにあったこのジムは、これはあくまでも私の想像に過ぎぬが、1870年代に開館したものと思われる。

小説家の故三島由紀夫がニューヨークに行ったときトレーニングをしたのは、もっぱらクラインジムだったと聞いている。

蛇足になるが、クラインは身長１６４センチメートル、体重67キログラムの小兵ながらプレスが強く、１９３５年に体重69キログラム強で、２２９・５ポンド（約１０４・５キログラム）のプロフェッショナル全米記録を樹立している。また「縁は異なもの」というが、クラインのコレクションが売りに出されて、かくいう私がそれを買い取ったという経緯がある。

当時のトレーニング施設

ところで、筋力トレーニングの愛好者が増えればそのための施設も誕生する。だが、その第一号がどこに出来たのかを残念ながら私は知らない。Ｄ・Ｐ・ウィロービー（David P.Willoughby）は、フランスでウエイト・トレーニングをも含むフィジカル・カルチャーの組織体が出来たのが１８９５年、ドイツにウエイトリフティングやレスリングを統轄する重技の組織が出来たのが１８９１年、そしてこの頃にオーストリアでも競技としてのウエイトリフティング熱が民衆の間に高まってきたという。これら

Ｓ．クライン、アティラの女婿、三島由紀夫も「クラインジム」でトレーニングをした

ロシアのクラゼウスキージム。グローブ・エンデッド・バーベルとソリッド・ダンベルが見られる

からみると、どうやら1880年前後の中部ヨーロッパの国々に筋力トレーニング専門の施設が出現し出したものと考えてよさそうである。

その当時は今日のように多彩な器具があったわけではない。

多分、色々な目方のグローブ・エンデッド・バーベル（バーの両端に球がついた形のバーベル）とソリッド・ダンベル（両端についている球が中空になっていない、つまり内部が詰まっている重量固定式ダンベルなので、バーが回転しない）、リング・ウエイト（球に凹型のハンドルのついたおもりのこと。釜やヤカンに似た形をしていたので、ケトルベルともいう）などが揃えられていたにすぎなかったようである。もっとも、これらの他に、体操で使われていた吊り輪やインディアンクラブ、高鉄棒などは備わっていたものと思われる。

なお、我が国ではダンベル（Dumb-bell）とアレーとを区別する指導者がいるが、これは誤りである。ダンベルは英語、アレーはそれを訳した日本語で、唖鈴のことである。英語の"Dumb"は「音がしない」とか、今は差別用語になっている「唖」という意味である。古代ギリシャ時代には鈴様の重りを使ってジャンプ競技を行い、それを使ってトレーニングをした。多分、その時鈴の音がうるさいので、鈴の舌をとって、音がしないようにした。こうして"Dumb-bell"という言葉が出来、それが明治時代に我が国に伝わって「唖鈴」と訳したのである。

ウェブスターが彼の自著、"The Iron Game"の48ページに載せているロシアのクラゼウスキー（von Krajewski、１８４１~１９０１）のジムの写真をみると、沢山のグローブ・エンデッド・バーベルとソリッド・ダンベルが置かれており、あとは若干のインディアンクラブと吊り輪が目立つだけである。彼が40歳を過ぎてからトレーニングを始めたと言う経歴を見るとき、このジムが少なくとも１８８２年以降に造られたものであることが想像される。

サンドウ時代のトレーニング法

近代ウエイト・トレーニングの開幕時代における代表的人物はといえば、いまさらいうまでもなく、東プロシャ生まれのＥ・サンドウに止めを刺す。彼は「近代ウエイト・トレーニングの父」とまで呼ばれている。

それでは、サンドウの時代に行われたヘビー・ウエイトリフティング（Heavy weightlifting）の方法とは一体どのようなものであったのか？　それを知るには彼が１８９７年に書いた"Strength And How To Obtain It"（Gale & Polden,Ltd.）を参考にすると良い。その34ページに彼は次のように記している。

「ヘビー・ウエイトリフティングについて―重いウエイトを持ち上げる為には、まず比較的楽に持

「近代ウエイト・トレーニングの父」と呼ばれるE．サンドウ

ち上げられるウエイトがどのくらいであるかを調べる。このウエイトを肩から頭上へゆっくり押し上げてみる。あるいは、もしこれがウエイトを床から持ち上げる種目であれば、それをいくぶんスピーディーにやってみる。この最初に選んだウエイトを何回持ち上げられるか試してみよう。これを比較的楽に、例えば10回持ち上げられるようになったら、その次のトレーニング日からはウエイトを5ポンド（約2・3キログラム）増量する。この回数と重量を増やしていく作業をトレーニング日ごとに弛まず続けていくのである」

サンドウはさらに、トレーニング上の原則はいろいろあるが、それらについては個人差が強いので、一概には論ぜられないとしている。

彼は１８００年代の末期頃当時の世界を代表する力持ちであったにもかかわらず、意外と自分のトレーニングに関しては詳しいことを記していない。もし、そうした記述が残っているのであれば、私の手元にそれらがないのが残念である。

１８９４年にサンドウの指導の下に上梓したG・M・アダム（G.Mercer Adam）の本には「ヘビー・ウエイト・エクササイズ」について大要次のように記してある。

「筋力の強い者やすでに軽いウエイトによるトレーニングで筋肉を鍛えてきた者は、それぞれの筋力の範囲内、例えば12～56ポンド（約5・4～25・4キログラム）のダンベルでトレーニングをしてみるとよい。力がついたら、これをさらに増量していくのだ。暫くすると、どのくらいのウエイトなら安全に持ち上げられるかが分かるだけでなく、持ち上げるときのバランス感覚などまでが身についてくる。練習者は重いダンベルによるトレーニングに移る前に、まず3ヵ月間は軽いダンベルによるトレーニングで体を慣らしておくべきである。」

ここでは各運動の繰り返し回数が書かれていない。だが、当時の彼が採っていただろうとみられる方法を推測できる記述がある。

その一つは右の本のなかに、ライト・ウエイト・エクササイズ（たとえば男子の場合なら3～5ポンド＝約1・3～2・3キログラムのダンベルによる体操）では「どの運動も筋肉が既に疲労したのであれば、続けてトレーニングをしないこと。またどの運動も筋肉が痛みを感じる程度までその動作を繰り返すこと」とあることだ。

もう一つはヘビー・ウエイト・エクササイズという項目の中に挙げられた「スロー・リフト・フロム・ザ・グラウンド・ツー・ザ・ショルダー」という上腕二頭筋と前腕屈筋群を鍛える運動についての記述である。右（左）手で両足の間で床に

G．M．アダム著『Sandow's System of Physical Training』の表紙

置かれたダンベルをアンダーグリップ（逆手）で持ち、上体を起こしながら静かに肩までカールするということの運動を、アダムは「この動作を数回繰り返す（Repeat the movement several times）」と書いている。しかも、カールしたウエイトをゆっくりと床まで下ろすようにと指示している。以上の点から次のような推測が成り立つ。

「5〜6回くらいまでしか持ち上げられないウエイトの上げ下ろし動作を、その極限かそれ近くまでゆっくりと繰り返す」

現代トレーニングの基礎を作ったサンドウ

これは先に紹介したサンドウの"Strength And How To Obtain It"の中に記されていた10回よりもずっと負荷が高い。しかし、彼のように1回持ち上げられる重量の極限に挑戦するタイプの人間がトレーニングをする方法としては、今日の方法と全く変わりがないので、非常に興味がある。

それに「筋肉に痛みを感じるまで繰り返す」という記述も面白い。今日のボディビルディングのテクニックのなかにも筋肉が焼け付く様な痛み（バーニング・センセーション、Burning Sensation）を感ずるまでウエイトの上げ下げ動作を繰り返すのが筋肥大を促進させやすいとするものがある（バーンズ）。これと同じ言い回しであることに気付く。また、いったん持ち上げたダンベルをゆっくりと元の位置まで下ろしていく今日でいうネガティブ・トレーニングも、既にこの時代から推奨

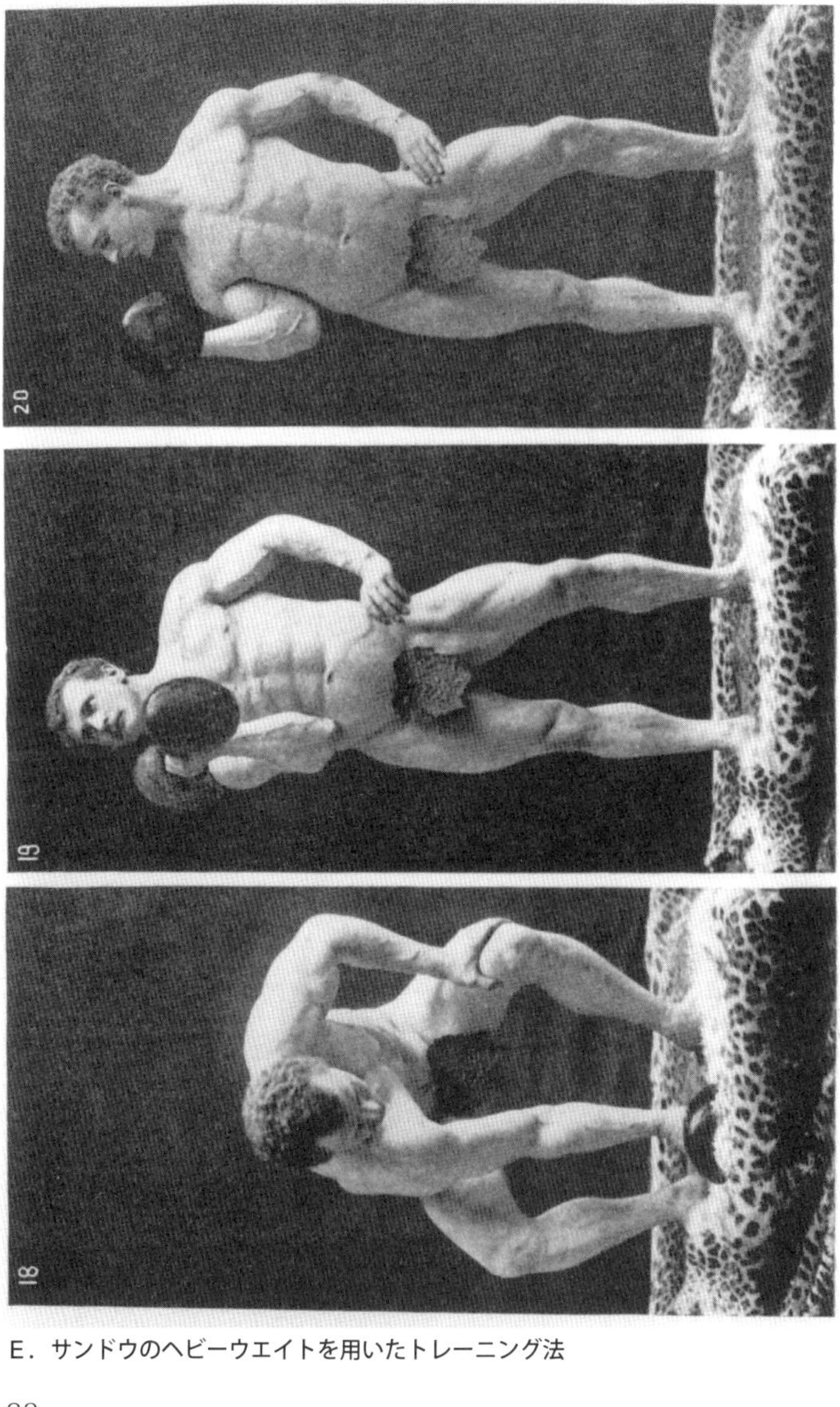

E．サンドウのヘビーウエイトを用いたトレーニング法

E．サンドウの著書『Strength And How To Obtain It』の初版本

されていたというのが面白い。

サンドウは自ら筋肉美を作り上げたばかりでなく、怪力の持ち主としても群を抜いていた。当時ヨーロッパではサーカスやミュージック・ホールで数々の力技が出し物として演じられていた。当然、そこでは色々な力比べが行われることになる。

1891年、彼が24歳という全盛期の時、ロンドンのピカデリー・サーカスにあるカフェ・モニカで英国記録樹立の会が行われた。このときたった一人これに出場したサンドウのウォーム・アップに関する記録がC・T・トレーバー（Chas T.Trevor）の手によって残されている。

それによると、サンドウは100ポンド（約45キログラム）のダンベルをそれぞれ両手に一個ずつ持って、カールをしたあと、反動をつけずに肩よりも高くそれを保つことを3回繰り返して、次にくる重いダンベルのリフティングに備えてウォーム・アップをしたとある。

サンドウはこのあと179ポンド（約81・4キログラム）のダンベルを右手で肩まで一気に持ち上げて（クリーン）、それから反動を付けて頭上へ差し上げる種目に挑戦した。残念ながらこれには失敗したが、気を取り直した彼は、2回目の挑戦で見事にこれに成功。新記録を樹立した。

ところで、このサンドウのウォーム・アップだが、いきなり100ポンドのダンベルに挑戦したとは思えない。私の体験からいうならば、当然これに先立ち、体が汗ばむくらいまでなんらかの体操的な動きを事前に行ったはずである。それから100ポンドのダンベルで当日の自分の力の程を試してみたものと思われる。

それはそれとして、ここでむしろ私が問題としたいのは、ダンベルをカールしてさらにそれらを3回少し押し上げるような動作を繰り返してウォーム・アップをしたという記述である。これが今日のウエイトリフティングのウォーム・アップとも酷似しているのだ。反復回数が少ない点も注目に値する。すなわち今日のウエイト・トレーニングのテクニックで「高負荷・低回数制」が筋力強化によいとされているのと一致しているのだ。またサンドウが例えば10回くらい持ち上げられるようになったら若干ウエイトを増量してトレーニングをするようにといっているのも、これまた現代のトレーニング法と一致したやり方である。

解剖学を学んだサンドウ

一説によるとサンドウは若いときに医学校で解剖学を勉強したという。その為か、彼のトレーニング法は全身の筋肉をまんべんなく鍛えることに集中したようである。この点は彼の筋肉の発達ぶりを見れば容易に納得できるところである。

アポロ（本名W．バンキアー）、「低負荷高回数制」のトレーニングも推奨

トレーバーは、１８９３年に渡米したサンドウが、ハーバード大学の体操指導者Ｄ・Ａ・サージェント（D.A.Sargent）博士に会ったときのことを次のように記している。

博士の質問に応じたサンドウは「私の筋力と筋の発達は、すべて各筋群を刺激すべく計画した特別な運動や力技を長期にわたって行ってきた所産です」と言いながら、ラテン語で各筋肉の名称を正確に次々と上げながら説明をした。博士はこれに痛く驚嘆したそうである。

以上からも分かるように、サンドウは現代使われているウエイト・トレーニングの理論的基礎を作り上げた人物だといっても過言ではない。彼が「近代ウエイト・トレーニングの父」と呼ばれる理由もここらにあるものと思われる。

もっとも、このサンドウの方法でもって、これがこの時代における唯一のトレーニング法と決定づけるのは、些か早計かも知れない。というのは、１９００年にスコットランド生まれのアポロ（Apollo、本名はＷ・バンキアー Wiliam Bankier）が書いた本に、大要次のような記述があるからである。

「ディップという運動は大胸筋や上腕三頭筋、広背筋、三角筋の発達によい。私は緩慢な動作でこれを50回行うことにしているが、一般には筋肉に痛みを覚えるくらいまで繰り返すのがよい」

ディップは平行棒の上に両腕立ちして、全身を支えたまま、ひじの曲げ伸ばしをする運動である。反復回数が50回といえば、これは明らかに今日でいう「低負荷・高回数制」のトレーニングである。これでは筋力や筋肥大を狙うトレーニングとしては効果がうすい。しかし、「筋肉に痛みを覚えるくらいまで」とする言い回しは、サンドウのそれと全く同じであり、極めて今日的でもある。

アポロは、当時の力技者たちが「軽いウエイトでトレーニングを開始して、筋力が高まるにつれて徐々に重いダンベルに移っていく」方法を取っていることも記している。

しかし彼は1セット当たり、どのくらいの反復回数にすべきかについては、上記の50回という以外にはその詳細を記していない。当時は力技者として立とうとする者が多く、群雄割拠した時代だったので、自分のトレーニング法を公にすることをあるいはためらったのだろうか？　このアポロは、紀元１９００年頃、１６６キログラムもある車輪『アポロン・バーベル』を頭上へさし上げたフランスのアポロン（本名はＬ・ユニ、Louis Uni）とは別人である。

サンドウの有名なダンベル体操

先に記したように、ウエイト・トレーニングの基礎を作ったのはユージン・サンドウである。彼は10歳の時父に連れられてイタリアを旅行し、美術館で多くの筋肉隆々とした彫刻を見た。父にどうしたらあのような体になれるのか聞いたら「体操をすることだ」と言われ、帰国して早速アスレ

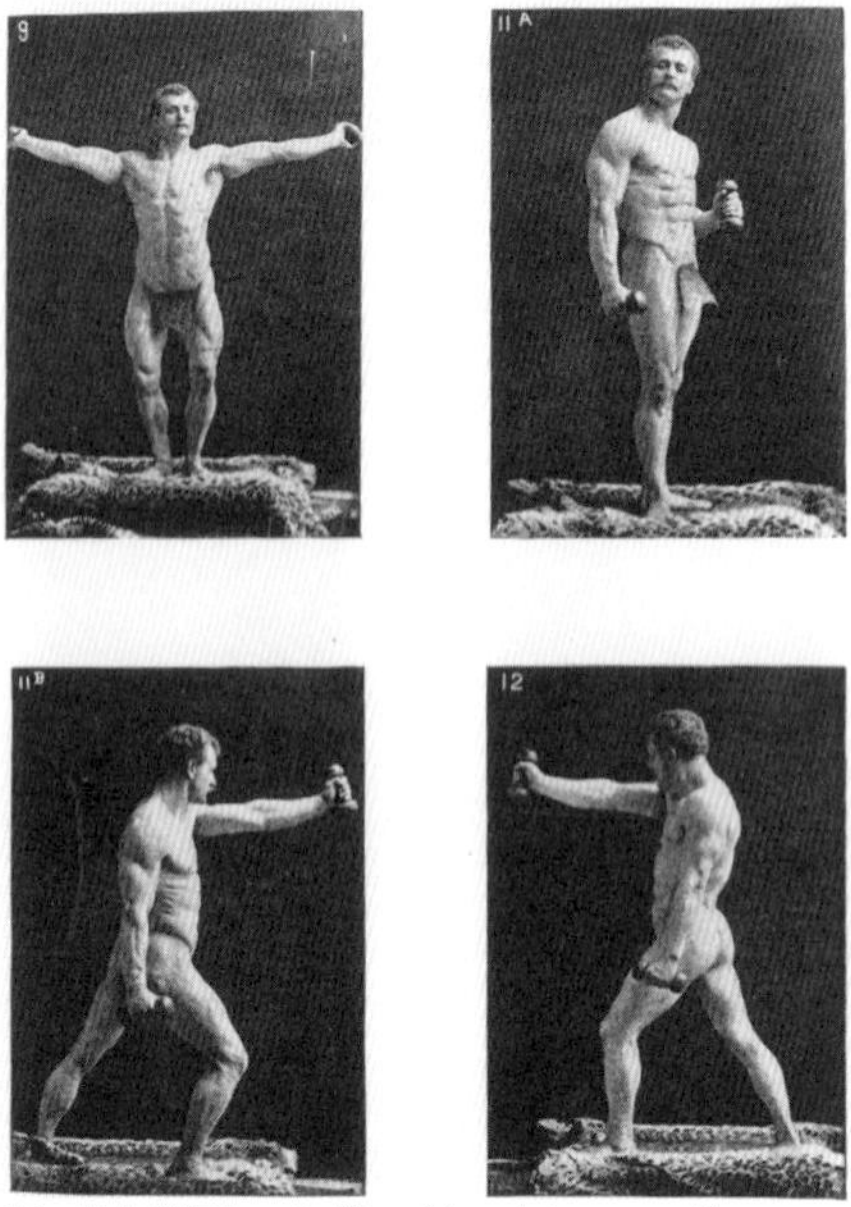

サンドウが行なったダンベル・トレーニング

ティッククラブに入会、体操に励んだが、一向にいい体にならない。こうして時は徒に流れていった。彼は18歳になった時、思うところがあって、医科系の学校で解剖学を学び、それを基礎にあの有名なサンドウ・ダンベル・トレーニング法を編み出したのである。このトレーニング法は、ヘヴィなものではないが、そうかといって軽いものでもない。最近我が国でも、ダンベル体操が広く行われているが、この体操は既に今から１１０年前の１８９７年にサンドウが上梓した"Strength And How To Obtain It"で世界的に普及した経緯がある。参考までに次に簡単に記しておく。

サンドウが30歳の時出版した右の著書の90ページに次のような記述がある。

「こうして（窪田注・解剖学を研究して）私は体を発達させるのにもっともよい方法を突き止めたのだ。個々の筋肉にそれぞれ一つの運動を割り当てるというものである。このシステムでは、ある筋肉が使われているとき、それ以外の筋肉はリラックスして、何らの緊張もしないように運動を配するのである。トレーニングに要する時間は、毎日ほんの15分間だけでよい」

かくて彼のいうダンベル体操は瞬く間に世界中へと広がっていった。我が国でも柔道の講道館館長、嘉納治五郎が会長を勤める造士会の機関誌『国士』に６回にわたって連載され、多くのファンを集めた。

サンドウのダンベル体操プログラム

サンドウ著の右の著書には全部で19種類のダンベル体操が紹介されている。次のようなものである。

①両手にそれぞれダンベルをもって体側にぶら下げて立ち、手の甲を前方に向けたまま、左右交互にひじを曲げて肩までダンベルを持ち上げる動作を繰り返す。

②両手にそれぞれダンベルを持って、体側にぶら下げて立ち、手のひらを前方に向けたまま、左右交互にひじを曲げて肩までダンベルを持ち上げる動作を繰り返す。

③両手にそれぞれダンベルを持って、手のひらを上に向けて十字形に両腕を持ち上げたまま左右交互にひじを曲げる動作を繰り返す。

④両手にそれぞれダンベルをもって立ち、手のひらを上に向けて十字形に両腕を持ち上げたまま、

両ひじを同時に曲げる動作を繰り返す。
⑤両手にそれぞれダンベルをもって前方肩の高さに両腕をまっすぐ伸ばして立ち（そのまま横に両腕を移動させて十字型姿勢になる）動作を繰り返す。
〈窪田注〉この動作については図しかないので、前回は右の（　）内を『(ひじを曲げて肩までダンベルをもってくる)』と説明をしたが、何れが正しいかは不明。
⑥両手にそれぞれダンベルを持ってひじを深く曲げてダンベルを肩の横に保持して立ち、左右交互にひじを伸ばして、ダンベルを頭上に押し上げる動作を繰り返す。
⑦両手にそれぞれダンベルをもって、体側にぶら下げて立ち、腕を伸ばしたまま、左右交互に前方肩の高さまでダンベルを持ち上げる動作を繰り返す。
⑧両手にそれぞれダンベルをもって、両腕を十字型に持ち上げて立ち、そのまま手首をグルグル回す動作を繰り返す。
⑨ダンベルの片方のおもりを両手にそれぞれもって両腕を十字型に持ち上げて立ち、両手をグルグル回す動作を繰り返す。
⑩⑨と同じ姿勢をとって、ダンベルを反対方向に回す動作を繰り返す。
⑪両手にそれぞれダンベルを持って立ち、左ひじを曲げてダンベルを脇の下に保持した姿勢から、右足を一歩踏み出して膝を曲げ、同時に左腕を前方にまっすぐ突き出す動作を繰り返す。
⑫⑪と同じ動作を反対側の脚、腕について繰り返す。

⑬プッシュ・アップ（腕立て伏臥腕屈伸）
⑭床に仰向けに寝て、両手にそれぞれダンベルをもって頭のうしろに伸ばし、両脚を伸ばしたまま、両脚を直角に持ち上げる動作を繰り返す。
〈窪田注〉この運動は初心者や腰痛もちの人の場合、腰部損傷を起こすことがあるので、膝を少し曲げたまま行うようにすること。
⑮⑭の運動を、両脚交互に持ち上げる形で繰り返す。
⑯床に仰向けに寝て脚を伸ばしたまま、両腕を頭のうしろに伸ばした状態から、腕を振って上体を起こす動作を繰り返す。
〈窪田注〉この運動は脚を伸ばした姿勢で行うと、腰部損傷の危険があるので、膝を曲げて立てた姿勢で行うこと。
⑰両手にそれぞれダンベルをもって体側にぶら下げて真直ぐ立ち、かかとを持ち上げたまま、膝、腰、足首を深く曲げてしゃがみ込んでは立ち上がる動作を繰り返す。

このプログラムの使い方

サンドウはこのトレーニング・プログラム（図1）について、『これは若者はもちろんのこと、老齢者に対しても大きな効果を生み出すことが出来る。50歳以上の人たちは、後述する15～17歳の人たち向け方法よりも運動内容を弱めるべきである。私のシステムは、肥満に悩んでいる人たちにとってもかなり有効である』と記している。

彼は、6歳か7歳になるまではこのトレーニングを実施しないように、もしやるならば軽い木製ダンベルで行うようにと、釘をさしている。そして、男女共に（7〜10歳、10〜12歳、12〜15歳）、

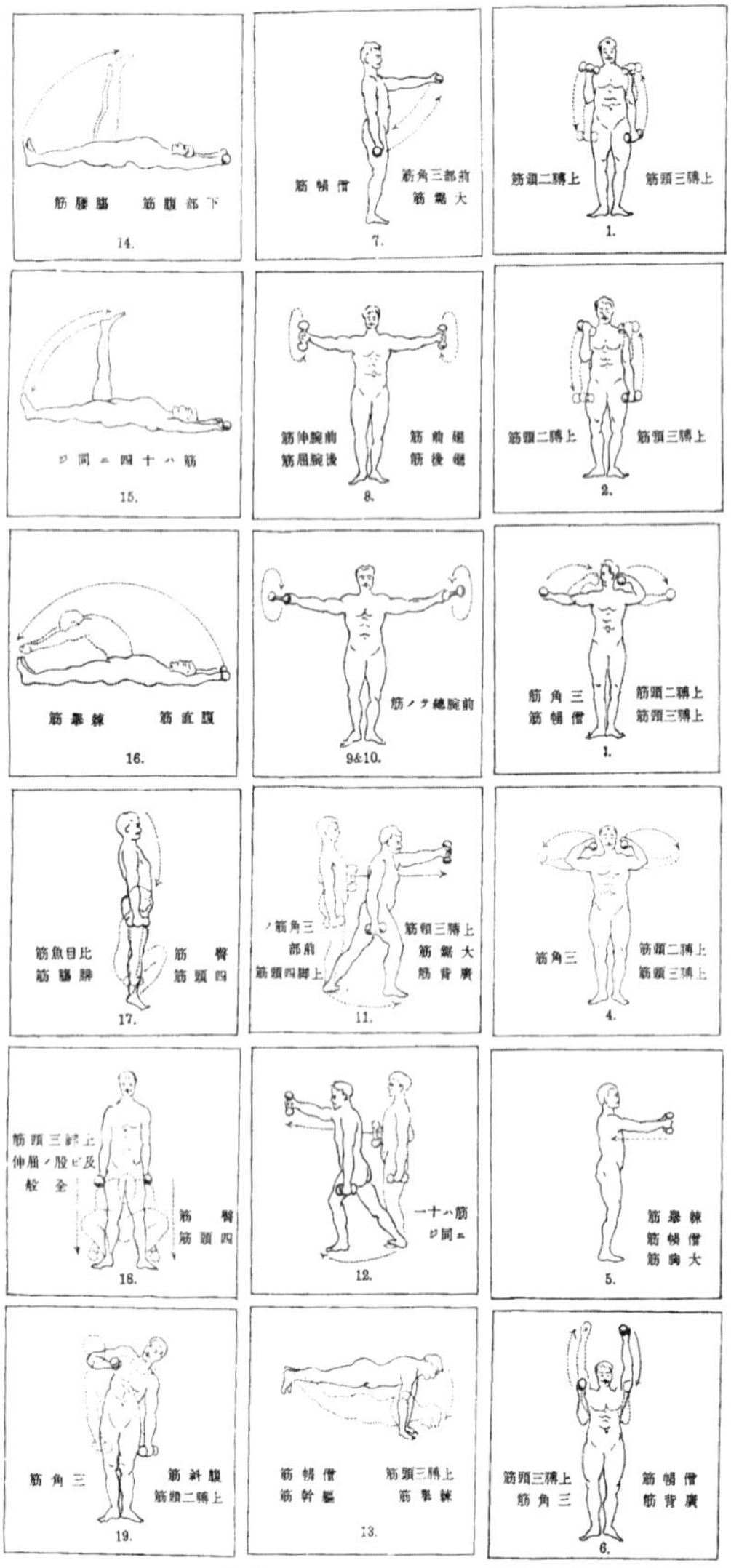

図1．サンドウの『ダンベル・トレーニング・プログラム』

（15～17歳の女性）、（15～17歳の男性）、（17歳以上の女性）、（17歳以上の男性）の各グループに分けてトレーニングのノルマに変化をつけている。それぞれの区分ごとに実施すべき運動や使用重量、運動量の高め方などについて細かく配慮がなされていて、木目が細かい。さすがダンベル体操の世界的ブームを生み出した人物の作だけはある。

参考までに、ここでは15～17歳の女性向けプログラムと同じ年令の男性向けプログラムの進め方について紹介しておく（表1、2）。

サンドウは、これらの運動の一つ一つを一秒くらいかけて一回の動作を終えるように、とアドバ

表1．15～17歳、女性向けプログラム
（3ポンド＝1.36kgのダンベル使用）

運動番号	反復回数	反復回数の増加
1	15	3日毎に1回ずつ増やす
2	8	同　上
3	6	同　上
4	6	5日毎に1回ずつ増やす
5	4	同　上
6	10	3日毎に1回ずつ増やす
7	8	5日毎に1回ずつ増やす
運動8、9、10は行なわずともよい		
11	5	5日毎に1回ずつ増やす
12	5	同　上
13	2	2週毎に1回ずつ増やす
14	8	3日毎に1回ずつ増やす
15	3	2週毎に1回ずつ増やす
運動16は行なわずともよい		
17	15	2週毎に1回ずつ増やす
18	15	3日毎に1回ずつ増やす

表2．15～17歳、男性向けプログラム
（4ポンド＝1.8kgのダンベル使用）

運動番号	反復回数	反復回数の増加
1	30	1日おきに1回ずつ増やす
2	15	2日おきに1回ずつ増やす
3	10	同　上
4	8	同　上
5	5	3日おきに1回ずつ増やす
6	12	2日おきに1回ずつ増やす
7	8	3日おきに1回ずつ増やす
運動8、9、10は行なわずともよい		
11	5	2日おきに1回ずつ増やす
12	5	同　上
13	2	1週毎に1回ずつ増やす
14	15	1日おきに1回ずつ増やす
15	3	3日おきに1回ずつ増やす
16	3	2週おきに1回ずつ増やす
17	25	3日おきに1回ずつ増やす
18	25	同　上

イスをしている。反動を用いた急速な動きを避けながら無理のないトレーニングをするのである。

彼はトレーニング中に使用筋群に精神集中をして動作をすることの重要性を強調している。そしてこのトレーニング・システムが『もちろん目に見える筋肉だけの発達にとどまらず、内臓諸器官の発達をも促進する。肝臓や腎臓が正常な状態に保たれ、心臓や神経が強化され、知力が活性化される』（同書15ページ）と述べている。そして更に続けて、大要『全身が発達して、私のトレーニング・システムに従ってトレーニングをしていれば、筋力の増大を見るだけではなく、健康状態をも改善してくれるだろう。事実、筋肉が発達した強そうな外見通りの健康な体をも得られるのである』（同書16ページ）といっている。

なお、トレーニングは無理なく、毎日実施することが好ましい、とのことだ。

２　20世紀初頭のトレーニング

ディスク・ローディング・バーベルの誕生

前に述べたが、重量調節式のバーベルやダンベルが発明されたのは１８００年代末期である。これは中が空洞になった球の中に鉛玉や砂などを入れて目方を調節するタイプのウエイトであった。これがさらに現在使われている円盤（ディスクまたはプレート）を挿入して重量の調節が出来るタイプのバーベルへと進化した。スコットランドのＤ・ウエブスターは、これが１８９０年頃にほぼ時代を同じくしてフランス人とドイツ人の二人の手によってそれぞれ別個に作られたとしている。

すなわち、フランスではプロフェッサー・デボネ（Professor Desbonnet）のアイディアをさらに進展させてＰ・モニエ（Pelletier Monnier）が、また、ドイツではＣ・アブス（Carl Abs）が、それぞれ今日見られるようなディスク・ローディング・バーベル（Disk Loading Barbell）をつくり出したのである。

ディスク・ローディング・バーベルとダンベル

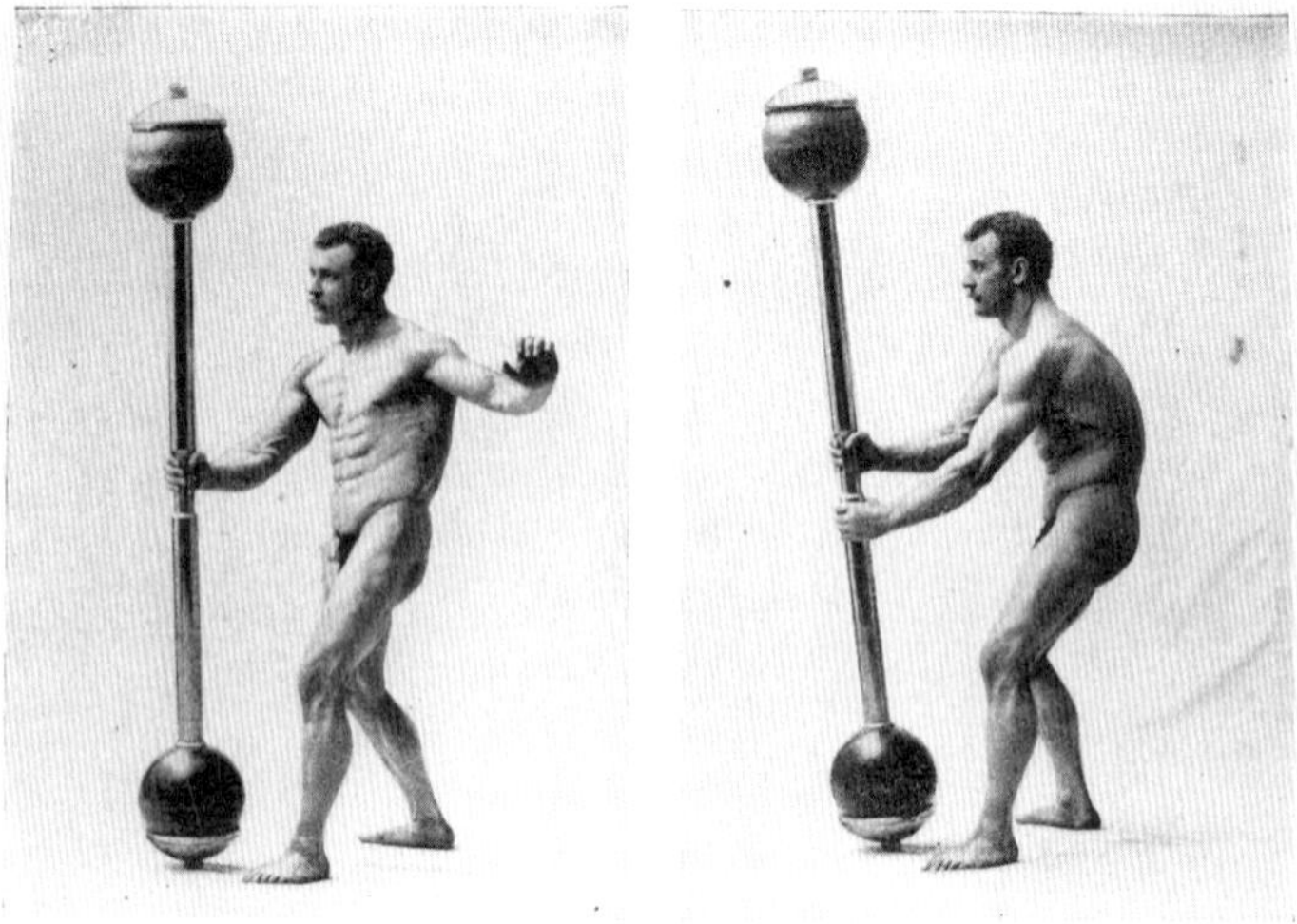

グローブ・エンデッド・バーベル

しかし、こうしたバーベルがどういうわけか意外と普及しないまま長い時を過ごしてしまったのである。ウェブスターによると、１９２４年のパリ・オリンピック大会の時のウエイトリフティング競技では、グローブ・エンデッド・バーベル（Globe Ended Barbell）と、ディスク・ローディング・バーベルの２つのタイプのバーベルを用意して、選手に好きな方を選ばせたそうである。

今日のようにバーの両端にパイプ状の鞘（さや、スリーブ Sleeve）がかぶさったタイプのバーベルが始めて使われたのは、１９２８年のアムステルダム・オリンピック大会からだといわれている。

しかし、ディスク・ローディング・バーベルがそれまでの鉛玉を詰め込むホロー・ショット・レッディング・ダンベル（Hollow Shot Leading Dumb-bell）型のグローブ・エンデッド式バーベルやダンベルよりも明らかに便利なことは、言うまでもない。

アメリカのA・キャルバート（Alan Calvert、1875〜1944）はサンドウにすっかり惚れ込み、1902年にミロ・バーベル・カンパニーを設立した。以後、このディスク・ローディング式のバーベルやダンベルの開発と生産に努めることになった。この重量調節式のバーベルとダンベルがその後ウエイト・トレーニングの発展に大きく寄与することとなったのである。因に、この会社は1932年頃、B・ホッフマン（Bob Hoffman、1900〜1985）の手に移り、そのホッフマンが"Strength &Health"誌を出版しことは、すでにご存知の通りである。

それはともかくとして、1910年以前に出されたものと思われるC・T・トレーバーの"Training for Great Strength"には、「キャルバートのディスク・ローディング・バーベルでもってトレーニングが漸進的に行え出したので便利になった」ことが強調して書かれている。しかし、まだどのくらいの重量を使ってトレーニングをしたらよいのかという具体的な記述はなされていない。ただ「運動はフル・レインジ・ムーブメント（関節の可動範囲全域にわたって動かす方法）で行うこと」、「毎日最高挙上記録には、挑戦してはいけない。これは二週間に一度くらいのペースでよい」などが記されている。

A．キャルバート、1902年に「ミロ・バーベル・カンパニー」を設立。ディスク・ローディング・バーベルの開発と生産を行なう

プロ力技家ガーナーのトレーニング

H．ガーナー（右）、1900年代初頭に活躍した力技家

ところでここに、１９００年代初めにプロフェッショナルの力技家として一世を風靡した人物、ドイツ人H・ガーナー（Hermann Goerner、１８９１～１９５６）がいる。彼のトレーニング法について詳述した彼の親友のE・ミューラー（Edger Mueller）の文章を要約すると次のようになる。

「１９０５～13年のガーナーは週に５日トレーニングを行った。もっとも毎日実施した時期もあった。第一次世界大戦後の１９１９～21年は週４日制のトレーニングに切り換えている。

１９２１年に彼は、プロフェッショナルに転向し、この頃からトレーニングを毎日行うようになった。また、プロから引退した40歳以降は週３日制に変えた。

トレーニングには平均２時間を当てたが、時には３～４時間に亘ることもあった。彼はセット法（一つの運動につき２セット以上繰り返して行ってから、始めて別の運動に移るというやり方）を用いて、セットをすすめるごとに使用重量を増やしていく方法をとった」

因にガーナーは身長１８３センチメートル、体重が１２０キログラム。ツー・ハンズ・カールで１００キログラム、デッドリフトで３６０キログラムの記録を持つ。特に後者は長年世界記録として不滅を誇り、１９８０年頃破られたばかりである。

これらからも分かるように、１９２０年頃までの力技家が採っていたトレーニング法は、既に今日のウエイトリフティング選手たちが採用しているセット法によるものであった。しかも、彼等のうちの代表的な者は筋力強化によい「高負荷・低回数制」のトレーニング法を利用していたもののようである。

ドイツやオーストリアの力比べの催し

なお、A・キャルバート著"The Truth About Weight Lifting"（１９１１）には、１９００年頃はドイツやオーストリアの各都市で、週に何回となくウエイトリフティングのコンテストが開かれて、大変賑わっていたことが記されている。

キャルバートが推奨するトレーニング法

１９２０年頃までの筋力トレーニング法の主たる趨勢は先に記した通りである。

そこで、これをさらに１９３０年頃まで延ばしてみたい。

ここに、ミロ・バーベル・カンパニーを創立したＡ・キャルバートが１９２４年に出した"Super Strength"という本がある。そのなかで彼はカール運動を例にとって、次のようなトレーニングの進め方を説いている。

「もし君が小柄で骨細のタイプだったら、最初は30ポンド（約13・5キログラム）で行えばよい。もし体重が２００ポンド（約91キログラム）以上もあるのだったら、60〜65ポンド（約27〜29・３キログラム）でトレーニングを開始するのがよいだろう。さして頑張ることなくカール動作を数回繰り返したら、重量を5〜10ポンド（約2・3〜4・5キログラム）増量する。こうして増量を続けていくと、そのうち君は2〜３回しか繰り返せない重量に到達するはずだ。だが、トレーニングさえ続けていれば、やがて君は以前は軽いバーベルでしか出来なかったと同じくらいの回数を、それよりもずっと重いバーベルで繰り返せるようになる。そうなったら再び重量を増やして、それまでと同じようなトレーニングを繰り返していくのだ」

これからも分かるように、彼はセット法（セット法には様々な方法がある。中でもセットを進める毎に使用重量を高めていき、逆に反復回数を減らしていく「アセンディング・ピラミッド（Ascending Pyramid）」、セット毎に重量を減らしていく「ディセンディング・ピラミッド（Descending Pyramid）」、これら両者を組み合わせた「フル・ピラミッド（Full Pyramid）」が後年よく使われるようになった）を推奨しているのである。それも、使用重量を次第に増量していく方法をである。キャルバートはまたストリクト・スタイル（Strict style）の信奉者でもあった。ストリクト・スタイルとは反動を一切使わないで運動動作を行うやり方のことである。これに対してチーティング・スタイル（Cheating style）というのがある。これは反動を利用して運動動作を行うやり方である。

例えば、カールを例にとると、極端な言い方をするなら、腕だけの力でウエイトを巻き上げては下ろす動作をするとストリクト・スタイルである。これに対して、上体を前屈させてこれを起こすときの反動を利用してカール動作をすればチーティング・スタイルである。

また、彼のいうトレーニング法で面白いものに、「ダブル・プログレッシブ・システム（Double progressive system）」というのがある。これは初期段階で繰り返していた回数の2倍の回数を繰り返せ出したら重量を増やして、再び元の回数からトレーニングを始め、これの2倍の回数を目指す、というやり方である。

A．キャルバート著『Super Strength』の表紙

仮に今ベンチプレスで40キログラムを6回持ち上げられるとしよう。これで12回が可能になったら使用重量を45キログラムに増やして再び6回から12回を目指してトレーニングを続けるのである。

キャルバートはこのシステムを使うとき、腕の運動の場合には五回から開始して目標を

10回とする、また脚の運動の場合ならば10回から開始して20回を目標にする、としている。

キャルバートは、前にも紹介したように、B・ホッフマンが社長をしていたヨーク・バーベル・カンパニーの前身であるミロ・バーベル・カンパニーの代表者であった。そのミロ・バーベル・カンパニーから出版した"Health,Strength and Development-How To Obtain It"にはさらに「コンパウンド・メソッド（The Compound Method）」の採用をも勧めている。

コンパウンド・メソッドの狙いは、「バーベルだけではなく、その他のウエイト、例えばダンベルやケトルベルなどを使って筋肉を多角的に鍛えよう」というものである。英語の"Compound"には「複合の」といった意味がある。なおケトルベル（kettle bell）はケトルウエイト（kettle weight）、リング・ウエイト(Ring Weight)ともいう。これの登場もヘビーなダンベルと同時代であったように思われる。昔の欧米におけるウエイト・トレーニングのジムには、必ずこれが備えられていた。

右のように、キャルバートの「ダブル・プログレッシブ・システム」（またこれを『ザ・ダブル・プログレッシブ・ウエイト・インクリーズ・システム〈The Double Progressive Weight Increase system〉』ともいう）は、腕の運動で5〜10回、脚の運動では10〜20回の範囲で行われた。しかし彼はさらに以下のように述べていることを付け加えておきたい。

「どの運動においても、正しい姿勢で少回数持ち上げるやり方のほうが、不正確な方法でそれの3倍もの回数を繰り返すよりずっと効果が大きい」

C・T・トレーバーは自著のE・サンドウに関する本の中で「サンドウは使用重量を増量するこ

ケトルベル。欧米のウエイト・トレーニングジムには必ず備えられていた

とによってのみ、筋力や筋肉が発達すると考えていた」と述べている。この考え方をキャルバートは忠実に守ったように思われる。

キャルバートのいう「少回数持ち上げるやり方」は、第二次世界大戦後になって定説となった「高負荷・低回数制」によるトレーニングが筋力強化によいとする考え方を予言したものとして興味がある。ついでだが、「低負荷・高回数制」によるトレーニングは筋持久力の養成に資するところが大きい。

ところで、第二次世界大戦以降、筋力トレーニングはスポーツマンにとって必須とまでみられるようになった。だが、こうした動きの基礎的な意見は、次に記すように既に20世紀の初頭からあったのである。

体重制は１９０２年から採用

中部ヨーロッパで発生したウエイトリフティングは１９０２年のハーグにおけるヨーロッパ選手権大会から、ライト級、ミドル級、ヘビー級の３階級に分かれて競技が行われた。これが体重制採用最初の大会である。挙上に成功した重量を体重で割って比を求め選手間の優劣を調べるということも行われるようになった。

既に20世紀初頭にこんな卓見が…

１９０４年に"Treloar's Science Of Development"を著したＡ・トレラー（Albert Treloar）はこの点について大要、次のように述べている。彼は一時期、サンドウの助手をしていたことがある。

「ウエイトリフティングのような強い運動は筋力を高めてくれる。これらの運動が適切に行われるときには機敏性を高めることにもなる。ところが、機敏性や特殊なスキル（技能）を必要とするスポーツをしている大方の選手が、重負荷をかけたトレーニングはその専門スポーツにおける能力に悪影響を与える、と信じ込んでいる。だから、筋力の発達を図るトレーニングは、常に体の機敏性を犠牲にしてこそ初めて得られる、といった誤った結論に達してしまうのである。

A．トレラー、すでに20世紀初頭にスポーツにおけるウエイト・トレーニングの効用を説く

仮に音楽家が楽器をおっぽり出して、持てる時間の全部（あるいは大半）をビリヤードに注ぎ込んでしまったとしたらどうだろう。彼はやがて素晴らしい音楽の演奏が出来なくなってしまうに違いない。だが、ビリヤードが音楽家をダメにしてしまうなどとは誰にも言えないはずだ。

筋力トレーニングもこれと同じである。短距離走、跳躍、ボクシング、野球、フェンシング、その他、機敏性を必要とするスポーツの選手は高負荷によるトレーニングを若干試みるべきである。このトレーニングが機敏性を低下させるのではなく、逆に高めるのに大きな効果を上げてくれるからだ」

これがまことに至言であったにもかかわらず、その後40年間以上もさして関心を示されないまま時が過ぎてしまったことは誠に残念としかいいようがない。彼は同じ本の中で女性のウエイト・トレーニングについても次のように言及している。

「適切なウエイト・トレーニングを行えば、その練習者が健康体である限り、男性のようなゴツゴツした体になることはない。女性はいかにトレーニングしようとも、男性的な体にはならないのだ。むしろ運動は筋力を高め、筋の弾性を向上させて、今日、女性美として最も重視されている部分である首、肩、腕の形を整え、体に丸みをつけてくれるのである」

でもアメリカではもっと古くから…

しかし、B・ホッフマンはアメリカでは南北戦争（1861〜1865）直後、多くのスポーツ選手がウエイトを使って補強トレーニングをしていた、と述べている。ボクサーが重いグローブで練習し、ランナーが重い靴をはいて走り、ボート選手が重いボートを漕いでオーバーロートを筋肉にかけてトレーニングをしていたのである。

だが、やがてこうしたトレーニングは白眼視されることになる。それはウエイト・トレーニングでプロとなりトレーニング・プログラムを売り出したことによって起こったのだ。ウエイトを使うよりも、徒手のトレーニング・プログラムの方が売れやすい。また梱包する手間もかからない。そこで、彼等の一部の者がウエイトを使うトレーニングはマッスル・バウンド（筋が肥大し過ぎて関節の柔軟性が低下した状態）が起こると言い出したのである。スポーツでは、柔軟な体が要求されるので、こんなことが起こると一大事だ。

その後、ウエイト・トレーニングで『マッスル・バウンド』『スピードの減退』が発生すると広く信じられ出して、このトレーニングの衰退期に入るのである。

ネガティブ・トレーニングの効果を否定

１９２９年に出版したＥ・リーダーマン（Earle Liederman）の"Muscle Building"では、「精神集中」してのトレーニング法が強調されている。この本は初版が１９２９年に出されており、その4版が私の手元にある。多分、内容的には初版と大して変わっていないのではないかと思われる。

リーダーマンは、今日でも重視されている、挙上動作

E．リーダーマン、ウエイト・トレーニングにおける「精神集中」を強調

中、作動筋に意志を集中することを強調した。例えばカール動作をするときには、「体側に両手をぶら下げてウエイトを持ち、力強くひじを曲げて、その時の動作に意識を集中する。このようにして完全にひじを曲げていく」のである。

この意識を集中するやり方は、先にも記したように今日においても変わりがない。

だが、これより先に彼の指示には誤りがみられる。すなわち、今日でいうところのネガティブ・トレーニングを彼は否定しているのである。彼は「運動動作は自然に行うべきだ」として次のような主張をしている。

「いったんウエイトをカールしたら、「これを元の位置まで下ろしていくときに、重量を感じないように、ストンと下ろすべきである」

また、「懸垂屈腕をするときには、ひじを曲げて体を上方に引っ張り上げるときに努力をする。上方への引き上げ動作のとき筋肉の動きに意識を集中して、元の姿勢に戻るときには自然に、しかもリラックスしたままそうすべきである。よく懸垂屈腕で体を下ろしていくときにもゆっくりとした動作で意識を集中して行っている者を見かける。もし彼が上方への引き上げ動作の方にもっと注意を向けるならば、もっと大きな効果が上がるであろう」

このリーダーマンの今日でいうネガティブ・トレーニングの否定は、30年以上も前にE・サンドウがこれを勧めていたことに比べて一歩後退と言えるかも知れない。

また、リーダーマンは次のようにも言っている。

「私は10回くらい動作を繰り返したら筋肉が疲れてしまうような運動がよい、と固く信じている。ただしこれは腕、胸、肩の運動についてである。首や大腿部、腹の運動は25回までの繰り返しで疲れるようなトレーニングが必要である」

彼はそれぞれの身体部位で一セット当たりの繰り返し回数が異なるよう主張をしている。面白いのは、「肩を早く発達させる」ためには「反復回数は10～15回がよい」としており、「5～6回以上は続けて持ち上げられぬような強い運動は筋肉を疲弊させてしまうので発達を阻害することになる」と記している。

それでも、さすがリーダーマン

以上から私がリーダーマンの欠点ばかりを取り上げているかのような印象をもたれたかも知れない。だが、彼の本はこれを全体としてみると内容的に実に上手く纏まっている。特に次のように書かれている部分は今日の理論とも全く一致しており、高く評価されてよい。

「果てしなく長々と動作を繰り返す方法は、筋組織が回復する時間がないどころか、むしろいたずらにこれを磨耗させてしまう傾向がある。従って筋を肥大させられるどころか、これを細くしていくことになる」

次に、出版された年度が明記されていないのであくまでも推測の域を出ないが、１９１０年以前に

C．T．トレーバー著『Training for Great Strength』

上梓されたものと思われるC・T・トレーバーの"Training For Great Strength"という本がある。これにはフル・レインジ・ムーブメント(Full Range Movement)でトレーニングをするように勧めている箇所がある。フル・レインジ・ムーブメントとは、既に述べたが、関節の可動範囲全体にわたって動作をする方法である。例えばカールを例にとれば、完全にひじを伸ばした状態から動作を開始して、完全にひじを曲げた状態で終るというやり方である。

トレーバーはこのほか、「最高挙上記録に毎日挑戦するのはよくない。2週間に1回くらいのペースが最適である」とも言っている。

ベリーによるスクワットの推奨

今日のウエイト・トレーニングではスクワット運動がまことに大きな比重を占めている。脚、腰を強化し、ヒップから大腿四頭筋にかけての筋肉を発達させるには必ずといっていいくらい、練習者はこの運動に重点をおく。

このヘビーなスクワット運動が推奨され出したのは意外と最近のことで、それは１９３０年頃のアメリカにおいてである。Ｍ・ベリー（Mark H.Berry）がこの運動の重要性を強調したからである。

彼はドイツ人のウエイトリフティング選手たちのトレーニングを観察し、そのトレーニングで重負荷をかけたスクワットが重視されているのに気付いた。従って、この事実からいえば、１９３０年以前のドイツ人ウエイトリフターたちにその起源が求められる、といった方が正確である。

ウエイトリフティングの国際競技が初めて開かれたのは１８９１年3月28日、ロンドンのカフェ・モニカのインターナショナル・ホールにおいてだった、といわれている。出場者はたったの7名で、競技種目も今日のそれとは異なり、ダンベルを使ったもので、しかも反復して何回か持ち上げるといった性質のものであった。この大会ではイギリス代表のＥ・Ｌ・レビー（Edward Lawrence Levy）

E. L・レビー。第１回ウエイトリフティングアマチュア世界チャンピオン

が優勝して「アマチュア世界チャンピオン」となった。ドイツはこの大会から選手が参加しており、その後も間欠的に世界選手権大会が行われたが、その殆どの大会でドイツ人選手が大活躍をしている。

ところが、そのドイツ人選手たちがいつの頃からかスナッチとクリーンにスクワット・スタイル（Squat Style）を使うようになったのだ。当時は大方の選手がこれらの挙上種目では前後開脚をするスプリット・スタイル（Split Style）を用いていた時代である。スクワット・スタイルだからヘビー・スクワットは必須の運動となる。ドイツ人選手たちはこれを実践して強力な脚・腰をつくりあげたのだ。そしてこの点にベリーが注目し、この運動を推奨した、というわけである。

ベリーについていえば、この他にも反動を使っておもりを持ち上げるチーティング・スタイルを推奨したことが特筆される。だが、これはキャルバート以来のストリクト・スタイルに対抗するトレーニング法として反対者も多かったという。

なお、蛇足になるがスクワット・スタイルでのスナッチやクリーンはドイツ人選手の間で広く使われたので「ジャーマン・スタイル（German Style）」、また朝鮮力連の選手たちが広く使ったので「ジャパニーズ・スタイル（Japanese Style）」と呼ばれた時代がある。御承知のように今日では世界中が「スクワット・スタイル」時代に入っている。

サンドウの死

近代ウェイト・トレーニングの生みの親ともいえるユージン・サンドウは、１９２５年に大動脈瘤でこの世を去った。58歳の時である。その二年前にイギリスのウインザーで運転していた車の車輪が側溝にはまり、その車を片手で持ち上げたときに力んだのが体調をくずした原因となった、と

いわれている

サンドウの夭死説

ウェイト・トレーニングで強い力を発揮するときには、呼吸を止めて力む。このとき声門を閉じて頑張るので（怒責するので）胸腔内圧が上昇し、大静脈を圧迫する。これが心臓への静脈環流を減退させる。これで大脳への血液供給が減り、眩暈がしたり、失神したりする（バルサルバ現象・Valsalva）。サンドウが58歳という年齢で他界したのは、夭死（若死に）だとして話題となった。そして、心臓に悪いと思われる重負荷トレーニングの結果だといわれたのも医科学が発達していない当時のことゆえ、まことに宣なるかなと思われる。我が国においても、サンドウの『ダンベル体操』が彼の死によってすっかりその鳴りをひそめてしまったのである。

3・1930～45年頃までのトレーニング

以上が、1930年頃までのトレーニング法である。以下は、これをさらに第二次世界大戦が終結した1945年頃までに広げてみたい。

サンドウの時代からあった腰背部損傷防止の知恵

まずトレーニング法の変遷について述べる前に、体験を通して得た「生活の知恵」といったことを紹介しておこう。

御承知のように、ヘビーなウェイトリフティングは腰背部に大きな負荷をかける。因に、P・V・カルポビッチ（Peter V.Karpovich）が1950年に行ったウェイト・トレーニングに関する広範な傷害調査では、腰背部の損傷が最も多かったそうである。

これは、彼がアメリカのYMCA体育審議会やウェイト・トレーニング専門の"Iron Man"誌と"Strength & Health"誌などの協力を得て、YMCAや民間のボディビルディング・ジム、学校などへ質問紙を発送してまとめた結果である。回答は、111のYMCAをはじめ、5つの民間ジム、

５大学、１ハイスクールから得た。これにより、カルポビッチは、１９４９年から、50年にかけて３万１７０２名のウェイト・トレーニング練習者の身に起こった傷害事故を知ることが出来たのである。カルポビッチは、その結果を表３のようにまとめている。

つまり、全体の傷害件数が４９４件で、これは3万１７０２名に対して、わずか1・５％にすぎなかったのである。ほとんどの傷害事故が筋や腱の肉離れのようなものであった。

このようにウェイト・トレーニングによる傷害事故は少なかったとはいうものの、その事故の多くが腰背部に起こりやすい特徴を持っていることが判明したのである。

指／７４	足／１５
手首／９６	筋断裂／１９
腕／８	心臓／０
肩／７７	腕の静脈瘤／１６
腰背部／１００	痔疾／１９
大腿部／１７	ヘルニア（脱腸）／５
ひざ／３１	虚脱／１
足首／１５	急死／１

表３

鞍田幸徳博士は、体重１７０ポンド（77・３キログラム）の人が上体を前下に60度傾けて立ち、両手に２００ポンド（91キログラム）のおもりを持ってベントオーバー・ロウイングの開始姿勢をとったら、腰仙椎間円板に２０７１ポンド（９４１キログラム）もの力がかかるといっている。そして、さらに「椎間円板をも含む二つの椎体への圧迫試験では、40歳以下の年齢では１０００～１７００ポンド（約４５５～７７３キログラム）で破壊が起こり、それ以上の年齢では、もっと小さい力が加わっても容易に破壊が起こるとされている」

と述べている。

だが、実際には重量挙上時に胸腔や腹腔の内圧が高まり、しかも肋間筋、腹斜筋、腹直筋、深部背筋が緊張して体幹を1本の丈夫な円柱のように補強するので、このような大きな負荷にも耐えられるのだそうだ。不幸にしてこれに耐えられなかったときには、当然のことだが腰部椎間板症に見舞われることになる。

このような理由のために、今日のウェイトリフティング選手はスナッチやクリーンをするときに背を真直ぐ伸ばして呼吸を止め、腰部を保護するのである。

前置きが長くなったが、1800年代の終わりにE・サンドウはすでにこの点に気づいて、次のような指導をしている。1894年にG・M・アダムが著した"Sandow's System Of Physical Training"の一節がそれである。

「ヘビー・ウェイトリフティングでは、肉離れ（Strain）や筋断裂（Rupture）を防ぐために、いかなるときでも背筋を伸ばして、両脚に負荷を直接かける姿勢をとることが大切である。右（左）手でウエイトを持ち上げるときには左（右）手を左（右）ももの上に置いてももを押すとよい」

後世に「近代ウエイト・トレーニングの父」としてその名を残したサンドウであるだけに、けだし卓見である。

なお、ウェイトリフティングやパワーリフティングで腰に太いバンドをするのも、腹圧を高め、腰背部の損傷を防ぐ目的のためである。

筋力トレーニング通信教育時代

筋力トレーニングを主体とした体力養成法を通信教育する時代は、第一次・第二次世界大戦の間の時代に開かれた。E・リーダーマンやC・アトラス（Charles Atlas）がとくに有名である。アトラスは、自分のからだ自体を抵抗負荷にした運動法であるダイナミック・テンション（Dynamic Tension）を開発し、このトレーニング・プログラムを通信教育で売り出して有名になった。１９２２年10月に、アメリカの著明な体育家B・マックファデン（Bernarr Macfadden）主催のマジソン・スクエア・ガーデンで開かれた"Physical Culture Exhibition"に出場したアトラスは「アメリカでもっとも完全に発達したからだをもつ男」に選ばれた。以後、彼は自らそのタイトルを少し格上げして「世界でもっとも完全に発達したからだをもつ男」と謳い上げ、ダイナミック・テンション法の普及販売につとめた。このトレーニング法の一例を示すと次のようなものがある。例えば、右手の手首を左手で上から押えて適度な力で抵抗を加えるのに対して、右ひじを深く

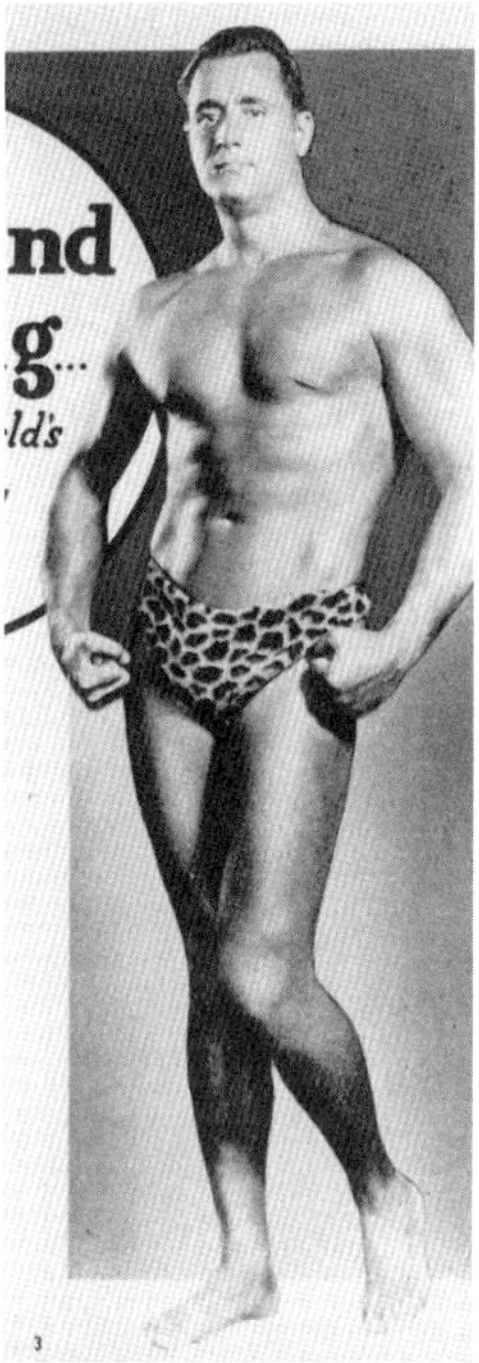

C・アトラス。ダイナミックテンションを開発し、「アメリカで最も完全に発達した体をもつ男」に選ばれた

曲げていくカールのような運動がそうである。

彼はこのダイナミック・テンションの通信教育で収益を上げ、大きなビルを建てたそうである。

ホッフマンのイレギュラー・システム

ところで、前にも記したように、ミロ・バーベル・カンパニーは、A・キャルバートが１９０２年に創設した会社である。彼はここから今日的なディスク・ローディング・バーベルを製造・販売に乗り出し、漸進的（プログレッシブ）トレーニングを容易にした功労者である。

キャルバートが創設した会社は１９３０年代の不況で倒産したが、B・ホッフマンがその権利を譲り受けてヨーク・バーベル・カンパニーを設立した。そして１９３２年の12月号からはウエイト・トレーニング専門誌〝Strength & Health〟の刊行を進めた。私はこの雑誌がホッフマンがこの世を去った１９８０年代後半まで刊行されたと記憶している。現在ほど多種類の雑誌や書籍が出回っていなかった当時においてはこれは練習者にとって大きなトレーニング上の指針となった。

ホッフマンはC・T・トレーバーと同様に、フル・レインジ・ムーブメントによる動作を推奨した。それと同時に「数多くの運動（Thousand Exercises）を採用して多角的に筋肉を鍛えることの必要性を説き、ヨーク・システムというウエイト・トレーニングのコース（プログラム）を公にした。これはA・キャルバートが推奨したコンパウンド・メソッドの思想とも共通しており、興味がある。

彼の著書"How To Be Strong, Healthy And Happy"は1938年に上梓されたが、その中で彼は、運動動作はストリクト・スタイルでなくてはならぬとし、チーティング・スタイルを否定した。

ホッフマンは、この本の中で「過去においては習慣的に、ダブル・プログレッシブ・システムが使われてきた」と述べ、これよりももっと効果的なトレーニング法があることをほのめかしている。

こうして彼は「イレギュラー・トレーニング・システム」（Irregular Training System）を生み出した。

これはたとえば次のようなものである。

月曜日と木曜日はボディビルディングのトレーニング、水曜日は中程度のウェイトリフティング（プレス、スナッチ、ジャークを主とした）、そして土曜日はヘビーなウェイトリフティングをするというものである。土曜日は自己記録に挑戦してもかまわない。以上は週4回制のトレーニングの例である。

週5日制になると、たとえば次のように行う。

月曜日は重量日、次の火、水の2日間はバーベルで最高挙上記録の80％くらいまでのウェイトでのトレーニング日とする。次いで木曜日と金曜日は、ダンベルでの軽いトレーニング。土曜日と日曜日は休日である。

これらの週4日制、5日制の例はいずれもその内容が毎回異なっていて、しかも多角的に筋肉が鍛えられ

B．ホッフマン。「イレギュラー・トレーニング・システム」を生み出した。『Strength & Health』誌を発行した

るように仕組まれている。毎回、同じ運動種目を漸進的に進めていくイレギュラーなトレーニングとは異なり、練習者をトレーニングに飽きさせない内容になっている。したがって従来のトレーニング方式よりも一歩前進しているものといってよい。

特に、ボディビルディングとウェイトリフティングを組み合わせている点が面白い。前者で全身の諸筋を鍛え上げ、後者のプログラムでコーディネーション（協応性）をも含む神経面についての発達も狙っているのである。

トレーニングを休むのも重要

このホッフマンのユニークな発想は、この他にも随所に見られる。これについては後述する。

ホッフマンは筋肉を鍛えるためにはともかく重いウェイトを使う必要があると説いた。たとえば、スクワットの5RM（5回可能な最高重量）が250ポンド（約113・6kg）の練習者の場合を想定して、次のようなトレーニングの進め方の一例を挙げている。

1セット目は175ポンド（約79・5kg）で5回繰り返してウォーム・アップする。
2セット目は200ポンド（約91kg）
3セット目は225ポンド（約102・3kg）
4、5セット目は250ポンド（約113・6kg）

６セット目は２２５ポンドでそれぞれ5回ずつ繰り返す。

７セット目は２００ポンドに減らし、できれば10回繰り返す。

これは今日でいうところのセット・システムの中の「ピラミッド・システム」の「フル・ピラミッド・システム」に近い。ただピラミッド・システムではセットを進めるごとに重量を高めていきながら、逆にセット当たりの繰り返し回数を減らしていく。そしてその逆を行なう。

ホッフマンは、「もし同じ手順のトレーニング内容が毎回採られるようだといい結果が望めない。筋肉がそれに馴れてしまうからである。筋肉を強く使って、そのトレーニング前後の日を休日にするのが最良の方法である」と述べている。

これは今日でいう「超回復の理論」と極めて深い繋がりを持つもので、ホッフマンの高い見識を示すものとして評価されてよい。

クラインのヘビー・アンド・ライト・システム

ホッフマンの「イレギュラー・システム」は、１週間におけるトレーニングがそれぞれいろいろ変った負荷で行なわれるので「不規則的」、つまり「イレギュラー」だというわけであろう。その本に書かれている内容をみる限り、その当時においてはこのやり方は、またヘビー・アンド・ライト・システム（Heavy And Light System）とも呼ばれていたようである。

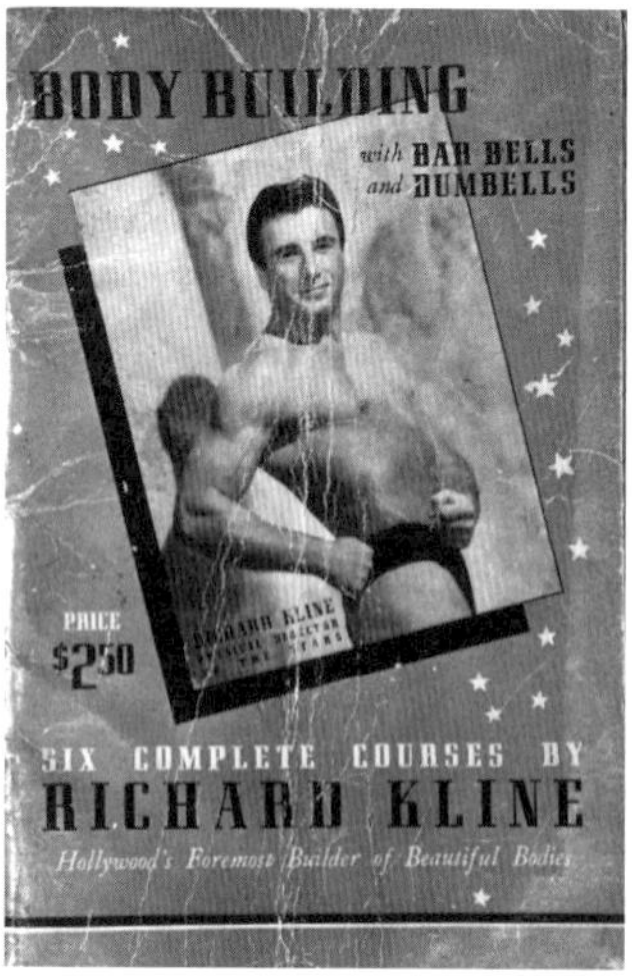

R. クライン。「ヘビー・アンド・ライト」システムを推奨

「この方法は、元来1つの運動につき2セット行なうことでもって構成されている。1セット目は7～8回しか反復して持ち上げられないウエイトで行なう。少し休息を取ったら、2セット目に進む。今度は少し減量してやはり7～8回続けて持ち上げられる程度のウエイトで行なう。これら2セットに関するトレーニング強度の漸増はウエイトによってのみはたされるのである。2セットの合計反復回数は15～16回を超えぬ程度がよい」

つまり1セット目は重い目方で、そして2セット目はそれより若干軽くして行なうので『ヘビー・アンド・ライト・システム』と名付けたのである。

R・クライン（Richard Kline）は、1945年に"Body Building With Barbells And Dumbells"という本を刊行している。この中で、クラインはイレギュラー・トレーニング／システム」と「ヘビー・アンド・ライト・システム」を推奨している。

だが、クラインのいう「イレギュラー・トレーニング・システム」とは「ヘビー・トレーニングを3週連続して行ない、その後1週間の休養を取る」といった内容である。その昔、食肉業者や船乗りたちが何日も多忙に働き、その後体を休める。その結果、強い筋力を得たとする彼独特の考え方を基礎に置いて組み立てたシステムである。

だが、このクラインの方法もまた「超回復の理論」に適合するものとして、今日でもそのまま通用する内容をもっている。

彼がいう「ヘビー・アンド・ライト・システム」は、ホッフマンと同様に自分の体験から作り出したものであって、週に２日の中重量によるトレーニング日と１日の重量日をうまく組み合わせることでもって構成されている。そして体力がついたら週５日制にする。この場合には、重量日が１日、中重量日が２日、そして軽量日が２日組まれるべきだとしている。これは先に挙げたホッフマンのシステムと基本的にはそっくり同じだといってよい。

彼はこの他にも「運動動作はゆっくりとしかもリズミカルに行なうように」と説き、一般的には「１日おきのトレーニングが最良の効果を生む」としている。また、ストリクト・スタイルがよいことを主張している。

クラインは初心者向けのトレーニング法として、８ＲＭからトレーニングを開始して、これで10回できだしたら、腕の運動なら２1/2ポンド（約１・14キログラム）、脚の運動なら5ポンド（約２・27キログラム）増量して、再び８～10回を目指すようにといっている。

ホッフマンの今日的な考え方

B．ホッフマン著『Weight Training for Athletics』

ところで、先に紹介したB・ホッフマンは筋力や筋肥大だけでなく、スピードや柔軟性の養成についても独自の見解を展開している。たとえば、スピードの養成だが、これについては次のように述べている。

「タンブリングやスピーディなレスリング、ランニング、一流選手とのハンドボールのような運動、またウェイトを使った運動としてはラピッド・デッドリフト、ラピッド・バウンシング・ディープ・ニー・ベンド、ストラッドル・ホップ、バーを担いでのロープの跳び越し動作、スイングなどがよい。」

彼のいうスピードとは、スピードのあるパワーのことである。それはともかく、すでに１９３０年代に今日的なパワー・トレーニングの発想をしていたホッフマン、さすがである。

なお、ここでいう「ラピッド・バウンシング・ディープ・ニー・ベンド（Rapid Bouncing Deep Knee Bend）とは、バーベルを両肩に担いだままはずみをつけて素早く行うスクワットのことである。「ストラッドル・ホップ（Straddle Hop）」は、肩にバーベルを担いで立ち、両足を左右に開いたり閉じたりを繰り返すジャンプをいう。

ホッフマンは柔軟性の養成も大切だとしている。これの養成にはストレッチング・エクササイズが大きな効果を生み出すと記している。

「体をしなやかに、柔軟にして、若さを維持するために猫科の動物はストレッチングと同様なことをして、パワフルな俊敏で健康な身体状態を保っている。ウエイトを使ってのストレッチング・エクササイズには、箱の上に立って行うスティッフ・レッグド・デッドリフト、プルオーバー、レスラー・ブリッジなどがある。いずれもその極限のところで筋肉をフルにストレッチさせなくてはならない」

これらの大半は動的に行われるストレッチングだが、「ストレッチング・エクササイズ」という呼称が今日的だ。

日本が生んだ超人若木竹丸

先に紹介した近代ウェイト・トレーニングの始祖ともいえるE・サンドウの書〝Strength And How To Obtain It〟は、わが国でも嘉納治五郎らの手によって邦訳され、瞬く間に日本全土に彼が唱導するダンベル体操が普及した。この本を入手したわが国の若木竹丸（1911〜2000年）は1日10〜15時間のトレーニングを16歳から開始して、数年の後には写真に見られるような、当時としては世界的水準の筋肉美と怪力を身につけた。とくに寝ざし（フロア・プレス、Floor Press）を得意とした。体重が60数キログラムという軽量であったにも拘わらず、当時の世界の重量級強豪の記録を大幅に破る記録を身につけていた。

日本が生んだ超人、若木竹丸

だがそれらを公に出していないのが惜しまれる。

若木開発のトレーニング法

若木は89歳で亡くなるまでウエイト・トレーニングに情熱を燃やした人物であった。若い頃行ったトレーニングではユニークなものが多い。先に私は1日に10〜15時間のトレーニングをしたと記したが、それは次のような形式のものである。たとえば10回くらい正確な動作で反復できる重量で

10回行って1セットを終えたら、５分間休息をとり、２セット目を同じように行う。これを延々と続けるのである。私が本書の最終段階で紹介する予定だった「アイ・ゴー・ユー・ゴー」というトレーニング法をすでに１９５０年代に彼は考案していたのである。これは２人が向かい合って立ち、いまAが10回バーベルをカールしたら、すぐBがそれを受け取って可能なところまで繰り返す。これを続けて行うというものである。

若木はこの他に、自転車や自動車のチューブ利用トレーニングなど、数々のトレーニング法を編み出した。今日、チュービング・エクササイズ（Tubing Exercise）が流行しているが、それのルーツである。

若木式自転車チューブ運動法

第2章　高負荷・低回数制トレーニング

1　高負荷・低回数制トレーニングの定着

第1回世界ウエイトリフティング選手権大会

筋力トレーニングは、文字通り筋力・パワー強化を目的としたトレーニングである。この目的のために『高負荷・低回数制』のトレーニング法がよいことは、今日では広く知られるところである。しかし筋力トレーニングの黎明期においては、そのあたりが必ずしも明確ではなかったように思われる。

そこで、本章ではこの点に焦点を合わせて述べてみたい。

前述したように第1回世界ウエイトリフティング選手権大会と目されている競技会は、１８９１年３月28日にロンドンのカフェ・モニカで開かれた。

これには17名の参加者が予定されていたが、実際にはイタリア、ハンガリー、ドイツ、オーストリア、ベルギー、そして地元イギリスを代表する計７名の選手しか参加しなかった。ここに挙げた国数と選手の数が一致しないのは、ドイツから２名参加したからである。

大会では全部で８種類のリフティングが行なわれた。

その１つ目は、56ポンド（約25・５キログラム）のダンベルをそれぞれ左右の手に持って、床から頭上へ持ち上げ、完全に腕を伸ばす動作を6回以上、10回まで繰り返す。

その２つ目は、56ポンドのダンベルをそれぞれ左右の手に持って肩までいったん持ち上げてから、頭上へ腕が完全に伸び切るまで、左右の腕で交互に差し上げる動作を20〜40回繰り返す。

その３つ目は、１の運動を84ポンド（約38・２キログラム）のダンベルを使って２〜４回行う。

その４つ目は、２の運動を84ポンドのダンベルを使って４〜８回繰り返す。

その５つ目は、84ポンドのダンベルをそれぞれ左右の手に持って、床の上から肩の高さまでいったん持ち上げて、そこから両腕を頭上へ完全に伸ばして差し上げてから床まで下ろす動作を３回繰り返す。

その６つ目は、84ポンドと１１２ポンド（約51キログラム）のダンベルをそれぞれ左右の手に持って床から肩まで持ち上げ、それから頭上へ差し上げて両腕を完全に伸ばす。

その７つ目は、６の運動を１００ポンド（約45・５キログラム）のダンベルで行なう。

その８つ目は、56ポンド（約25・５キログラム）のダンベルをそれぞれ両手に持って、腕を伸ばしたまま十字型に持ち上げて静止する。

以上の８種目について競技が進められた。その結果、これらのすべてについて好成績を収めたイギリスのＥ・Ｌ・レビー（Edward Lawrence Levy）が優勝した。

高負荷・低回数制トレーニングの定着

こうした世界選手権大会をも含め、一方、その後に行なわれたヨーロッパ選手権大会の内容を見ると、その初期の頃の競技会（１９０１年、１９０３年、１９０４年）では、今日のような挙上重量を競う方式ではなく、一定重量を何回繰り返して持ち上げられるかを競う方法もまた競技の重要な対象になっていたようである。たとえば、１９０４年の大会では、プレスとジャーク、そして反復プレスの3種目が競技種目になっている。この頃はまだ体重制が設けられておらず、優勝者のH・ネウハウス（H.Neuhouse, ドイツ）の記録は１１２キログラム、１５０・5キログラム、そして80キログラム×10回という内容であった。2位のJ・スプルイト（J.Spruyt, オランダ）は１２０キログラム、１２５キログラム、そして反復プレスで80キログラムを17回成功した。

これらの成績から見て、当時のウエイトリフティングのトレーニング法はすでに『高負荷・低回数制』が定着しており、しかも競技種目によっては、反復プレスのように『低負荷・高回数制』のトレーニングが採られていたように思われる。ここでいう「低負荷」は、むしろ「中負荷」という方が当を得ている。

しかしこうした反復回数を競う方法も、１９０４年のヨーロッパ選手権を最後に姿を消したようである。したがって「高負荷・低回数制」のトレーニング方法はその頃からウエイトリフティング選手の間で広く採られるようになっていたとみてもよさそうである。

像とレスリングを行なうH．ガーナー。最初象の重量は 700 ポンド（約 320kg）であったが、次第に成長し 1500 ポンド（約 684kg）にまでなっていた

H・ガーナーのトレーニング法

すでに簡単な紹介はしたが、１９１０～20年代の世界的な力技者としてその名を謳われたドイツ人、Ｈ・ガーナーについてここでもう一度振り返ってみたい。

彼は１９２０年前後にアマチュア選手として、次のような素晴らしい成績を残している。当時の彼は、身長１８４・２cm、体重１００キログラム。リフターとしてはむしろスレンダー型であった。

右手のスナッチ：１００キログラム。

左手のスナッチ：90キログラム。

右手のクリーン・アンド・ジャーク：１２０キログラム。

左手のクリーン・アンド・ジャーク：

H. ガーナー。両手のそれぞれの2本の指で270キログラムのデッドリフトを行なった

100キログラム。

右手に2つのケトルベルを持ってのスイング（腕を伸ばしたまま前方へ半円を描いて下から頭上へ振り上げる）、公式記録：96キログラム、非公式記録：100キログラム。

右手のデッドリフト、公式記録：310キログラム、非公式記録：330キログラム。

両手のデッドリフト：360キログラム。

両手のクリーン・アンド・ジャーク：177キログラム。

フロント・スクワット：215・2キログラム。

（以上、D・ウイロビー（David Willoughby）著"The Super Athletes"94ページより引用）

ガーナーのトレーニングについて詳細を記したE・ミューラーによると、ガーナーはたとえば表4のようなトレーニング法を採っていたそうである。

５〜６Ｃ＋１Ｊ	５〜６Ｃ＋１Ｊ	３Ｃ＋１Ｊ	２Ｃ＋１Ｊ（回数）
１２５	１３０	１４０	１５０　（kg）
（７０．６）	（７３．４）	（７９）	（８４．７）（%）

表４

これは、両手のクリーン・アンド・ジャークのトレーニング例である。先にも記した通り、ガーナーのこの種目におけるベスト記録は１７７キログラムである。ここでは分数形式で記したが、分母欄に記した２つの数字のうち、上段のものは使用重量（キログラム）、下段はベスト記録１７７キログラムに対するパーセンテージである。

したがって1セット目についていえば、ベスト記録の約71パーセントに相当する１２５キログラムのバーベルを使い、これを連続５〜６回クリーンしたら、引き続いて1回ジャークをした、ということになる。

ガーナーはこのようにして4セット行なった。次第に重量を高めていきながら、逆にクリーンの反復回数を減らしていく今日でいう「ピラミッド・システム」の「アセンディング・ピラミッド（Ascending Pyramid）である。

ヘビー・ダンベルの登場

もし私の推測が正しければ、度々繰り返すが、以上の事実からすでに19世紀末期近くには「高負荷・低回数制」のトレーニング法が一部の力技家の間で採られていたことになる．たとえば、フランスのトリエ（Triat, １８１３

トリエ。84 キログラムのダンベルを作って、これを片手で頭上へさし上げた

〜81）は一つが84キログラムのダンベルを作り、これを片手で頭上へさし上げているのだ。彼は１８１３年生まれだから、その全盛期が30歳だったと推測するならば、１８４３年頃にはこの84キログラムのダンベルが作られていたことになる。これを持ち上げるとすれば「高負荷・低回数制」のトレーニングが必須条件となる。

このように考えてみると、今日のウエイトリフティングやパワーリフティングの選手たちが常用しているトレーニング法の原形は、意外と古くから開発されていた、と推測できるのである。だが、これについて詳述したものがないので（あるいはそれがあっても私の目に触れないので）、あくまでもこれは私の推測の域を出ない。

"Heavy and Few" "Light and Greater"

イギリスのウエイトリフティングの選手で、１９４７〜50年までのライト級（67・５キログラム）とミドル級（75キログラム級）の王座に就いていたＪ・ホーリデイ（Jim Holliday）が書いた本があ

Ｊ．ホーリディ。「Heavy and Few」という言葉で、「高負荷・低回数制」を表現している

る。１９４８年の第14回ロンドン・オリンピック大会のライト級で3位を得たこともある彼の本のタイトルは"Olympic Weight Lifting With Body-Building For All"である。

この中で、彼は「端的にいえば、強くなるには重いウエイトを用いて少回数しか持ち上げないトレーニングを斬進的に進めていくに限る」と述べている（47ページ）。そしてまた「主として筋肉を発達させていい体をつくり上げるためには、軽めのウエイトを用いて、多回数繰り返すほうがよい」としている。ここで前者が今日でいう「高負荷・低回数制」を指しているのはいうまでもない。この本の中でホーリデイは"Heavy And Few"という言葉でもってこの「高負荷・低回数制」を表している

彼のいう低回数とは４〜５回以下の反復を指す。

また、軽めのウエイトを用いて多回数繰り返す方法を"Light and Greater"と表現している。

SAIDの原則

1964年にアメリカのE・L・ウォーリス（E.L.Wallis）とG・A・ローガン（G.A.Logan）は、「SAIDの原則」を公にした。これは"Specific Adaptation To Imposed Demands"の頭文字を並べた合成語である。つまり「体になんらかの運動負荷（オーバーロード）がかかると、それに相応しい形の適応が起こる」といった意味である。たとえば筋肉にバーベルによるウエイトの負荷をかければ、使われている筋の太さが増し、その筋力が高まっていく。このとき、非常に強力な筋力を得ようとするのだったら、強い抵抗負荷をかけなくてはならない。

この意味において、ホーリデイの考え方は極めて合理的である。

体づくりのためには「軽めのウエイトで回数を沢山行なう方法」のことを彼は"Light and Greater"という言葉で表していることについては先に記した。だが、彼の主張するこの方法が即、今日でいうところの「低負荷・高回数制」だと考えてはならない。彼の本を見ると、これがだいたい8〜12回くらい繰り返せる範囲の重量だからである。これは後述するが、今日のボディビルディングのトレーニングで広く使われている方法とも一致するのだ。

ホーリデイはウエイトリフティング選手のためのトレーニング例をいくつか挙げている。その中

3C＋1J	3C＋1J	3C＋1J	2C＋1J	2C＋1J	1C＋1J	1C＋1J（回数）
230	250	265	275	285	290	295（ポンド）
（73）	（79．4）	（84．2）	（87．3）	（90．5）	（92）	（93．7）（%）

表5

で、たとえばクリーン・アンド・ジャークのトレーニング例として表５のような方法を示している。１回持ち上げられる最高記録が３１５ポンド（約１４３・２キログラム）の選手の場合である。

この例は先に紹介したハーマン・ガーナーの方法とよく似ていることが分かる。ただ違う点は、１セット目のクリーン回数がガーナーのそれは5回だったのに対して、ホーリデイのそれは3回。また最後のセットがホーリデイのそれは94％という高負荷であるのに対して、ガーナーのそれが85％と低い点だけである。むしろんこれはトレーニング日によってもいくぶん変化するはずだから、問題にはならないまい。したがってガーナーの時代とホーリデイの１９５０年頃のトレーニングとは、違いのないことが分かる。

因に私は１９４６年からトレーニングを開始した。長兄の誠一の手解きで行なったが、ウエイトリフティング競技種目はいつしか「高負荷・低回数制」、その他のボディビルディング種目は「低負荷・高回数制」で行なうようになっていた。

2　ホーリデイ流トレーニング法

ホーリデイのトレーニング・システム

J・ホーリデイは、1950年以前からネガティブ・トレーニングの重要性を指摘していたようである。彼の著書の28ページに次のように記している。

「クリーン動作（プレスのための軽いクリーン動作及びジャークのための重いクリーン動作の両者とも）は、もし上腕二頭筋の動きに意識を集中して練習すれば、この筋肉にかなりの影響を及ぼすことになる。つまりクリーンをしたバーベルを床まで下ろしていくときにバーベルを一様のスピードに保ってコントロールしながらそうしていくのだ。すると通常のカール運動で起こるスティッキング・ポイント（動作中、その挙上がもっとも困難になる点）を自動的に除くことができる。実際問題として、ボディビルディングが目的なら、プレス、スナッチ、ジャークでバーベルを持ち上げた後、一様にスピード・コントロールしながらこれを下ろしていけば、筋肉をエキセントリック・アクションで、ほど良く働かせられるので効果的である」

エキセントリック・アクションがエキセントリック・コントラクション（伸張性筋収縮。つまり筋肉が引き伸ばされながら力を出していく形の筋収縮のこと。たとえばカール動作でいえば、バーベルをカールした位置から、静かに元の腕を伸ばした位置まで下ろしていくときの筋収縮がこれである)であることはいうまでもない。しかし私は、この言葉がいつ頃から使われだしたのかを知らなかった。私は１９５５年にＰ・Ｖ・カルポビッチが書いた"Physiology Of Muscular Activity"（１９５５年刷りの第５版）を入手してこれを読んだとき、この言葉を初めて知った。そのとき、筋収縮にアイソメトリック（Isometric）とアイソトニック（Isotonic）、そしてアイソトニックにコンセントリック（Concentric）とエクセントリック（Eccentric）があるのを知り、エクセントリック・コントラクションを利用したトレーニングも効果があるのでは…と密かに考えたことを思い出す。ホーリデイの博さにはただただ驚くばかりである。もちろんこれがネガティブ・トレーニング（Negative Training）あるいはネガティブ・ワーク（Negative Work）という言葉でもって、今日広く練習者たちの間に広まっているトレーニング方式であることは言うまでもない。

それらに加えて、もっと私がいま驚いているのは、エクセントリック・コントラクションでなく、エクセントリック・アクションという言葉を彼が使っている点である。この言葉は、運動生理学者の間で確か１９９０年頃から使われだしたように思う。正に彼は時代を先取りしているのだ。『コントラクション』は「収縮、縮小、短縮」といった意味だから「エクセントリック・コントラクション」では意味を為さない。「アクション」なら「働き」という意味だから合理的だろうということから「エキセントリック・アクション」という言葉の誕生を見たようである。

4	4	3	3	3	2	(回数)
100	110	120	130	140	150	(ポンド)

表6

ホーリデイはなかなかのアイディアマンで、たとえばプレスのトレーニング内容として表6のような一種のピラミッド・システムの「アセンディング・ピラミッド」を採用している選手を想定して、そのトレーニングの進め方を次のように指示している。こうすれば同じ重量を使って5、5、4、4、3、3回のトレーニングができるようになるというわけである。

最初の2週間：4、4、3、3、3、2（回）
次の2週間：⑤、⑤、3、3、3、2（回）
次の2週間：4、4、④、④、3、2（回）
次の2週間：4、4、3、3、3、③（回）
次の2週間：⑤、⑤、④、④、3、3（回）
次の2週間：4、4、3、3、3、2（回）
最初の回数に戻り、バーの重量を増量する。
注：○印は回数を高めたセット

彼は右のような形で少しずつ各セットの反復回数を高めていく方法について、さらに2つの例を紹介している。その1つは次のような進め方である。

第1週目：6、5、4、3、2、1（回）
第2週目：6、5、4、3、③、1（回）

第３週目：６、５、⑤、３、３、②（回）
第４週目：６、⑥、５、３、３、２（回）
第５週目：６、５、４、３、２、１（回）

第１週目と同じ回数にもどり、バーの重量を２ 1/2ポンド（約１・１キログラム）増量する。
彼がいうもう一つの方法は、次のようなものである。

第１週目：３、３、３、３、３（回）
第２週目：④、④、３、３、３（回）
第３週目：４、４、④、④、３、３（回）
第４週目：４、４、４、④、④（回）
第５週目：３、３、３、３、３（回）に戻り、バーの重量を２ 1/2ポンド増量する。
（第1セット目は行なわない。つまり5セットだけ行なう）

もっとも、この最後の方法を採用するにあたっては、最初から１５０ポンドを３回持ち上げられる能力を持っていることが前提であることを忘れてはならない。

なお、先に私はカルポビッチ著の本で初めてエキセントリック・コントラクションというような言葉を知った、と記した。爾来《じらい》、これらの筋収縮の言葉がいつ頃から使われ出したのか、大変興味があった。多くの人はカルポビッチが創案したようなことをいう。だが、私の調べた限りでは、それはアドルフ・ユージン・フィック（Adolf Eugen Fick, 1829~1901）が命名者だったのである。フィリップ・J・ラッシュ（Philip J. Rasch）とロジャー・K・バーグ（Roger K. Burke）著の"Kinesiology And Applied Anatomy — The Science Of Human Movement"の29頁にそれを見ることができる。年代は明らかでないが、発表されたのが19世紀だったのは確かである。

私のトレーニング法

私も1948年（昭和23年）の高校3年生当時、自分なりの発想でもってこれと同じ方法を採ったことがある。私の場合は、プレスを72・5キログラムを使って5回×5セットから開始して、これで6回×5セットできるようになったら75キログラムに増量するというやり方を採った。かなり短期間で77・5キログラムを使えるようになったのを覚えている。当時私の体重は70キログラム程度であった。

こんな体験があったので、私は1965年（昭和40年）に上梓した『ウェイトリフティング』（ベースボールマガジン社）のなかでこの方法を紹介した。

ところで、ホーリデイはさらに次のような方法も紹介している。たとえば5回×4セットからトレーニングを開始する場合のものである。これはどのセットも同じ重量で行なうトレーニング法を採るときのものとしては、私が採った方法によく似ていて面白い。

第1段階：5、5、5、5（計20回）

第2段階：⑥、⑥、5、5（計22回）
第3段階：⑦、⑦、5、4（計23回）
第4段階：7、7、⑥、5（計25回）
第5段階：5、5、5、4（計19回）

ただしこの第5段階目では、バーベルの重量を増量すること。

こうした方法の他に彼は、「ワッシャー・システム（Washer System）」を奨励している。これはある重量Aを用いて、1回×10セットから開始する。そのうち1回×14セットができるようになったら、その重量Aに0・2～0・5キログラムの小さなプレート（ワッシャー・座金）を増量して、これで再び1回×10セットからトレーニングを開始するのである。

これでたとえば7セットから開始して14セットに到達したらバーを増量するという「ダブル・プログレッション（プログレッシブ）・システム」を採ってもよい。ホーリデイは今世紀の初めにこのシステムがイギリスの誇る世界的リフター、W・A・プラム（W.A.Pullumn）によって創案された、と記している。

W. A. プラム。ワッシャー・システムを考案した

なお、1945～50年頃までに筋力トレーニングがリハビリテーションの分野で一つのエポックを記したが、これについては後述する。

3　ウエイトリフティング選手によるトレーニング法

高負荷・低回数制のソ連ノーバク選手

筋力トレーニングのシステムは、1950年頃を境にして次々と新しいものが開発されていった。しかし、「高負荷・低回数制」トレーニングは今なおトレーニングの真理として多くの選手の間で利用されている。

ここでは当時のアメリカの雑誌"Muscle & Fitness"の発行人J・ウィーダー（Joe Weider）が書いた"The Weider Olympic Course"に焦点を当ててみる。全体で42ページのこの小冊子には発行の年が記されていない。だが、私の記憶ではそれが1950年頃だったように思う。というのは、後述する同じ著者による"Weider Master Championship Course"が1950年に出され、ちょうどこれと同じ頃に前記の本が出版されたと記憶しているからである。

この"The Weider Olympic Course"のなかでウィーダーは、プレス、スナッチ、ジャークのためのトレーニングの具体例をそれぞれ数例ずつ紹介している。

そのうちの3例を次に紹介してみる。いずれもウェイトリフティングのトレーニング方法である。

Ｊ．ウィーダー。「Muscle and Fitness』誌の発行者（中央）

その筆頭に上がっているのが、ソ連が誇るライト・ヘビー級（82・5キログラム級）選手、Ｇ・ノーバク（Gregori Novak）である。彼は１９３８年から１９５０年までプレス、スナッチ、トータルなどを含めて全部で11回世界記録を樹立した。特に第２次世界大戦直後の１９４６年には、パリで開かれた世界選手権大会でプレス１４０キログラム、スナッチ１３０キログラム、ジャーク１５５キログラム、トータル４２５キログラムでライト・ヘビー級に優勝。スナッチとトータルが世界新記録であった。彼は１９５２年の第15回ヘルシンキ・オリンピック大会にもミドル・ヘビー級（90キログラム級）に出場してアメリカのＮ・シェマンスキー（Norbert Schemansky）

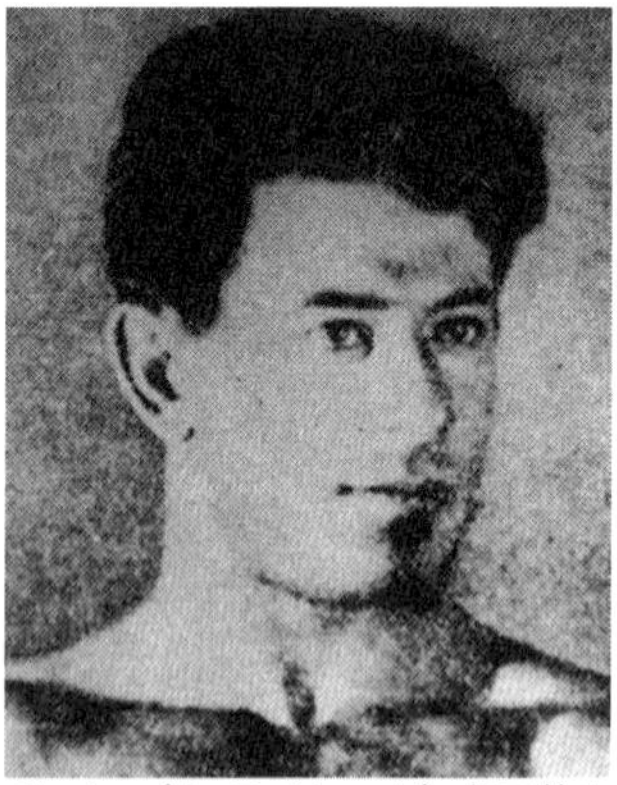
G.ノーバク。ライト・ヘビー級で数々の世界記録を樹立

に次いで第2位を獲得している。

ボリショイ・サーカスに転向したノーバク

ノーバクで特筆されるのは、ヘルシンキ・オリンピック大会後しばらくして、競技界から引退し、ボリショイ・サーカスに入り、力技を演ずる芸人に変身したことである。その理由としては、実際にはもっと高い実力があるにもかかわらず、小刻みに世界記録を作っていったのが露見したからだ、と当時いわれたものだが、果たして真実はどうだったのか?

ここらで本題に戻る。最終的に彼はミドル・ヘビー級でプレス143・5キログラムの世界記録を樹立したのだが、その代表的なトレーニング法は次のようだったといわれている。

「毎日、プレスのトレーニングを実施する。正規のトレーニング日にはスナッチとジャークの練習の後でプレスの練習に入る。軽いバーベルで3〜4回繰り返したら、10キログラムずつ増量しながら同様の繰り返しを続けていく。こうしてその日可能な最高記録に近づいたら、正しいフォームでできるだけ沢山プレスを繰り返し、さらに重量を高めていくが、この辺りのセットからはプレスのフォームにはこだわらない。こうしてバーベルを肩から上に少し持ち上げられるだけ、という限界までセットを進めていく。正規のトレーニング日でない日でも、これと同じような形でトレーニングを進めていくが、試合で出した最高記録の80％までしか行なわない」

トレーニング法を時々変えよ

それではもう一人、当時ヘビー級で無敵を誇っていたアメリカの黒人選手Ｊ・デイビス（John Davis）のトレーニング法をみてみよう。

彼は、１９３８年にウィーンで開かれた世界選手権大会にライト・ヘビー級選手として若干17歳で参加。第二次世界大戦中はトレーニングを休んだが、戦後になって復帰。１９５６年まで選手生活を送った。その間、１９４６、47、49、50、51年の世界選手権大会と、１９４８、52年の両オリンピック大会にヘビー級で優勝を飾った。

Ｊ．デイビス。ヘビー級で無敵を誇った

彼のベスト記録は、プレス１５５キログラム（非公式には１７０キログラム)、スナッチ150キログラム、ジャーク182・3キログラムである。特に1951年にジャークで402ポンド(182・3キログラム)の世界記録を樹立したときには、将来これを上回る記録は出ないだろう、と騒がれたものである。だが、記録には限界がない。今では、世界最高のジャーク記録は260キログラムを越しているのだ。なお、ここでジャーク記録を182・3キログラムと端数で記したのは、アメリカではバーベルの目方がポンドで標示されているからである。

それはともかくとして、デイビスのトレーニングは次のようなものである。

「プレスの記録が100キログラムくらいのときには、79キログラムで5回を1セットとして10セットくらい行なっていた。だが、スティッキング・ポイント(記録の伸びが止まって膠着状態になっている様)が続いたとき、1セット当りの回数を3回に減らして95キログラムでセットを組んだら、急に記録が伸びだした」

第二次世界大戦中兵役に服したあとで、彼は2回×10セット方式で91キログラムからトレーニングを開始。156・5キログラムまで記録を伸ばした。この小冊子を出版した1950年頃は、3回×8セットのトレーニングが一般的となる。だが、試合の数週間前からは2回×8セットに変え、さらに試合の1週間前からは1回ずつ行なう方式を採ることにしている。

ノーバクと同様に2回反復するときは、最初の1回目を正しいフォームでプレスし、2回目はフォームが崩れるのが常であるとか。

足に障害をもつヘップバーン

ウィーダーはさらに筆を進めて、カナダのＤ・ヘップバーン（Douglas Hepburn）のプレスのトレーニング法にも言及している。

ヘップバーンは右足が先天的な内反足であった。子供の頃、これを手術したが、経過は思わしくなく、足関節の柔軟性に欠けるというウエイトリフターにとっては致命的な宿命を背負うことになった。しかし彼は不屈の精神力でこれを跳ね返し、ヘビー級のウエイトリフターとして１９５３年度世界選手権大会ではプレス１６７・５キログラム、スナッチ１３５キログラム、ジャーク１６５キログラム、トータル４６７・５キログラムでもって優勝し、世界の王者となった。

Ｄ．ヘップバーン。生来の足のハンディキャップにもめげず世界選手権大会で優勝

ここで彼のプレスが、ジャークよりも記録が高かった点にご注目いただきたい。これが足のハンディキャップに起因したであろうことは容易に想像できるだろう。というのは、クリーン動作のとき、足首を非常に使うからである。

こうしたハンディキャップのためな

のか、彼はプレス系統の運動に異常に関心を示し、たとえば、
ツー・ハンズ・プレス（ラックの上に載せられたバーベルを胸の上に取って—２００キログラム
ツー・ハンズ・ダンベル・プレス—１５９キログラム
ツー・ハンズ・プレス・ビハインド・ネック—１５９キログラム
ベンチ・プレス２４３キログラム（ワイドグリップでは２６３キログラム）
などの記録を残した。もっとも、これらは１９５４〜１９５６年頃に出されたもので、それらは彼の全盛期のものである。

ベンチ・プレスの王ヘップバーン

ヘップバーンはまたスタンディング・プレスの練習をあまり行なわないで、専らベンチ・プレスに力を注いだ、足のハンディキャップのためにクリーンが弱かったせいなのであろう。そのため、クリーンに重点を置いてこれのトレーニングを先に行なうことが多かったそうである。すると当然のことだが、背や腰が疲れるのでプレスをやりにくくなる。

彼はベンチ・プレスの最高記録が２５４キログラムの頃、次のような方法でトレーニングを行なっていたようである。まず軽量でウォームアップをしたあと、１３６キログラム（最高記録の54％）で5回行う。あとは9〜13キログラムずつ増量しながら、１９５キログラム（76％）まで達したら、

これで3回×6セット行なうのである。こうして、当時、彼はベンチ・プレスの王といわれる実力をつけたのである。

また、スクワットでは5回×5セット法を採ったともいう。

ハード・ワークが不可欠

このほかにも、ウィーダーは、１９３０年代後半に活躍したヘビー級選手R・ウォーカー（Ronald Walker）や、１９５０年頃、アメリカのミドル・ヘビー級選手として世界の注目を集めたM・イーダー（Marvin Eder）などのトレーニング法も紹介している。

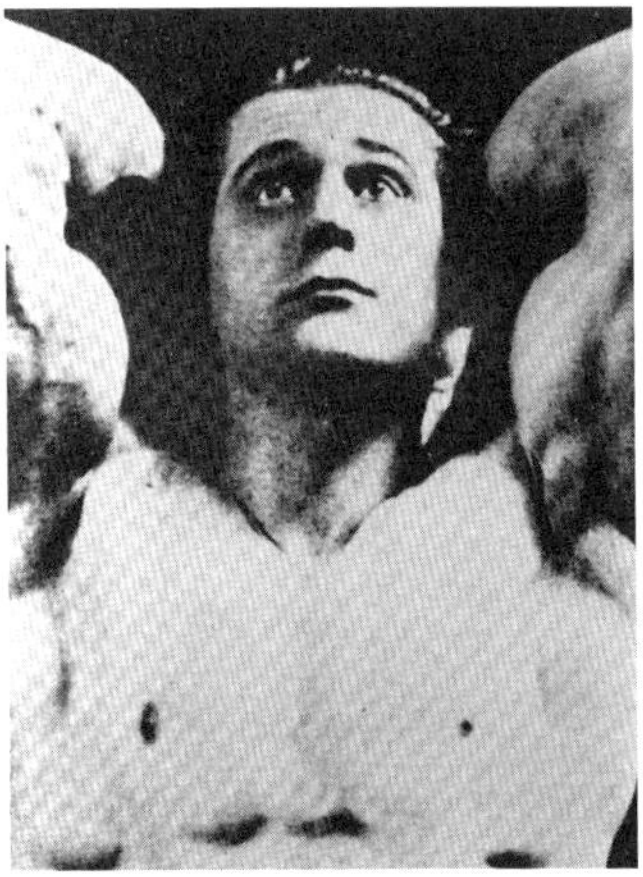
1930年代後半に活躍したヘビー級選手、R．ウォーカー

その誰もが、先に記したノーバクやデイビスらと大同小異のトレーニング法、つまり「高負荷・低回数制」を採用している。

ウィーダーはプレスのアドバイスとして、大要次のようにいっている。

「成功するにはハード・ワークが唯一不可欠である。いま従っているトレーニング・スケジュールに退屈してきたら。２〜３週間それとは異なる運動種目でトレーニングをするようにお勧めする。たとえばそれまでが立ってプレスをしていたのだったら、シーテッド・プレス・ビハインド・ネックに代えるようにである。この運動に変えたからと言ってトレーニングの方法、つまり反復回数とセット数などは前と同じでもかまわない。これをある期間続けたら、また元の方法に戻すのである」

第3章　ウエイト・トレーニングの発展期

1　ウィーダー式トレーニング法

セット間の休息は1分、水は飲め

ウェイトリフティングは強い筋力・パワーを必要とするので、前章で記したようなトレーニング方式をスナッチ、ジャークにおいても採る。これは今日でも変わりがない。

それでは、ボディビルディングのトレーニングはどうなのか?

ウィーダーは、"Weider Master Championship Course"のなかで、今日でもなお、トレーニングの基礎とみられている、いくつかの原則を記している。

まずその一つが、ある運動をした後で次の運動に移るまでにどれくらい休息時間を取るべきか、という問題に対する回答である。

ウィーダーは「一般的には1分間で十分だ」としている。だが、「次々とセット間や運動間に休みを置かないで移っていくのもうまくない。常に適度なペースでトレーニングを進めていくことが必要である」ともいっている。

また、暑い時期におけるトレーニングではノドが渇く。

「こんなときはきれいな水を飲むに限る。体内をきれいにしてくれるし、体を元気づけてもくれる。だが、水を飲み過ぎてはいけない」

これらもウィーダーの言である。今でこそトレーニング中に水を飲んでも良いといわれているが、昔はこれがきつく戒められていたことを思えば、彼の先見の明に拍手を送りたい。

ウィーダーは。初心者は少なくとも1年間はたっぷりとストリクト・スタイルでトレーニングをするようにと勧めている。そのあとでならチーティング・スタイルを取り入れても良いという。前にも記したが、チーティング・スタイルは、１９３０年代にＭ・Ｈ・ベリーが推奨した方法である。

チーティング・スタイルの使用について、ウィーダーは「通常の挙上動作よりもいくぶんスピーディに、そして挙上コース中に存在するスティッキング・ポイント（挙上動作がもっとも困難になる点）を乗り切るために反動を使うように」と述べている。こうすれば、より重いウエイトを使うことができるからである。しかし、反動のつけ過ぎは良くない、と忠告している点も忘れてはなるまい。

トレーニングの原則をいくつも考案したジョー・ウィーダー（右）

フラッシング

ウィーダーは、若いときからウエイト・トレーニングに打ち込み、数々のトレーニング・システムを当時彼が発行していた雑誌"Muscle Builder" "Muscle Power"などに発表した。１９５０年頃までのものとしては、次のようなものが挙げられる。

その一つがフラッシング・マッスル・メソッド(Flushing Muscle Method)である。略してフラッシング・メソッドともいう。当時、私はこれを「充血法」と訳した。簡単にいうと、体の一定部位を鍛える運動をいくつか選び出して、それらをまとめて何セットかずつ行なってから、初めて別の身体部分を鍛える運動に移る方法である。

たとえば、上腕部の筋肉でいえば、ツー・ハンズ・カール、フレンチプレス、コンセントレーション・カール、トライセップス・イクステンション・ライイングといった運動をまとめて何セットかずつ繰り返してから、初めて次の身体部位の運動、たとえば大胸筋の運動に移る。もちろんこの大胸筋の運動も2～4種類取り上げて、それらを何セットかずつまとめて繰り返し、次いでさらに別の身体部位の運動へ移っていくのだ。ウィーダーは「筋肉に血液を十分に流し込みながら、筋組織が太くなるのに必要なオーバーロードを課せば、筋が発達する」という考え方をもっている("Weider Master Championship Course" 53ページ)。つまり筋にオーバーロードをかけてパンプ・アップ(充血させ筋肉を膨張させせた状態)させるのが、筋の発達に良い、というのである。フラッシング・マッスル・メソッドは、そのためには非常にふさわしい方法だというわけである。

この方法は、今日でもボディビルダーたちの間で世界的に採用されている。

だが、最近ではフラッシング・メソッドが次のようなトレーニング法としてとらえられてもいる。ある運動を繰り返したあと、さらにそのウエイトをある高さに持ち上げたまま10秒間静止するのである。たとえばプレスでやっと90キログラムを10回繰り返したら、さらにバーベルを、あごか目の高さに持ち上げたまま静止するのである。これは1950年代に開発されたアイソメトリックス（後述）を併用した方法で、ダイナミック・アイソメトリックス（Dynamic Isometrics）と呼ぶことがある。

エクストラ・レプ

次にウィーダーは、エクストラ・レピティション・メソッド（Extra Repetition Method）なる方法を推奨している。

これは「これ以上持ち上げられそうにない」というところまでその動作を繰り返したあと、さらに引き続き追い込んで数回繰り返す、という方法である。

こう聞いただけでも、これが凄くきついトレーニング法であることが分かるだろう。だからさっきのフラッシング・マッスル・メソッドといい、チーティング・メソッドといい、またこのエクストラ・レピティション（レプ）・メソッドといい、それらのいずれもが少なくとも1年以上のトレーニング経験を持つ練習者向けの方法である。

エクストラ・レピティション・メソッドでは、最後の数回はチーティングしてもかまわない。前記のウエイトリフター、G・ノーバクとJ・デイビスのトレーニングがこんなやり方だったことに気づいた読者も多いに違いない。

そしてさらに、ウィーダーは、メンタル・コントラクション・メソッド（Mental Contraction Method）の重要性も説いた。

これは運動動作中にも意識を目指す筋に集中して、筋をさらに強く収縮させようと努力することをいう。たとえば、カールを例にとって説明してみる。バーを静かにカールしていって、完全に肘を曲げたら、そのとき意識的に肘をさらに深く曲げようと上腕屈筋に力を入れる。そして十分に抵抗を感じながらバーを元の位置まで下ろしていくのである。

同様にフレンチ・プレスの場合なら、肘をゆっくり伸ばしていき、完全に腕を伸ばし切ったら上腕三頭筋を意識的にさらに緊張させる。そしてゆっくりと、また肘を曲げていくのである。

こうした意思運動を加味するので、このメンタル・コントラクション・メソッドでは、通常使用するよりいくぶん軽めのウェイトを利用することになったとしても、それは已むを得ない。

フォースド・レピティションズ法

１９５０年頃までに開発されたトレーニング法はまだある。「フォースド・レピティションズ（Forced Repetitions）法」（別名・『フォースド・レプス法』）がその一つである。

これは、たとえば５～６回繰り返して持ち上げられそうなウエイトで動作を可能なところまで繰り返す。限界に達したらパートナーがバーの中央部とかバーの両端に手をかけて適度な力を加えて、練習者が行なっているその挙上動作の助けをしてやるのである。練習者はこの助けを借りながら、さらに数回挙上動作を続ける。たとえばベンチ・プレスでいえば、パートナーが練習者の持ち上げているバーの中央部を手で持ち、上に引っ張ってやる。スクワットなら、立ち上がれなくなった練習者の背後に立ったパートナーが、両手を練習者の腋の下にひっかけて体を上に持ち上げてやるのだ。

　これは非常に厳しいトレーニング法なので経験者（上級者）向きである。

2　リハビリテーションの分野でも発展

ドローム・アンド・ワトキンス法

筋力トレーニングが、リハビリテーションの分野で活用されだしたのはかなり昔からだったように思われる。しかし、これの合理的な方法を見出したのは１９４５年頃のことで、アメリカの整形外科医、T・ドローム（Thomas DeLorme）がその人である。

彼は医師から見放されたひざの剥離骨折患者に、後述する独特なトレーニングを課して効果を上げた。アラバマ医大に在学中、ウエイトリフティングをしていたドロームは、この患者にひざ関節を強化するのに使うアイアン・シューズ（鉄製の靴）によるレッグ・イクステンションを含む、一連のトレーニング・プログラムを課した。その結果、奇跡的にその患者のひざが治ったのである。

これを機会にドロームはさらに研究を重ねて、ついに１９５１年に「ドローム・アンド・ワトキンス法（DeLorme And Watkins Method）」というトレーニング法を生み出した。二人の名前になっているのは、ドロームがA・ワトキンス（Arthur Watkins）と共同してこれを開発したからである。

その方法は次のようにまことに簡単である。

まず、正しい動作で10回繰り返せる最大重量（10 Repetition Maximum、略して10ＲＭ）を調べてみる。これが得られたら、次回のトレーニングからは、次のようにトレーニングを進めていく。トレーニングは週に４度実施する。
１セット目は１／２・10ＲＭで10回。
２セット目は３／４・10ＲＭで10回。
３セット目は10ＲＭで可能な回数。

右のように３セットだけ行なうが、セットを進めていくにつれて使用重量を高めていく、いわゆる一種の『アセンディング・ピラミッド』法を採る。たとえば、レッグ・イクステンションで10ＲＭが30キログラムだったとしよう。この場合は、１セット目は15キログラム、２セット目は22・５キログラム、そして３セット目は30キログラムを用いるというわけだ。３セット目が10数回繰り返せ出したら、再び10ＲＭを調べ直して、それを基準にした新しい負荷でトレーニングを進めていけば良い。

「ドローム・アンド・ワトキンス法」は、今日でも筋力トレーニングとして十分に役立つ。この点については、後年になってW・L・ウェストコット（W.L.Westcott）が、他の代表的なトレーニング法と比較した実験を行なって、十分にその効果があることを確かめていることを付け加えておく。

ジノビエフ法

このドローム・アンド・ワトキンス法がリハビリテーションの分野で注目されたあと、これに類似した方法がさらに開発されていくことになる。

イギリスのＭ・Ｄ・ガードナー（M.D.Gardner）による"The Principle Of Exercise Therapy"（運動療

法の原理）にそれが記されているので紹介する。

その一つがオックスフォード・テクニック（Oxford Technique）とも呼ばれている「ジノビエフ法」である。

彼の方法は、この本を和訳した砂原茂らによると、次のように1セットごとに1ポンド（約0・45キログラム）ずつ減らしていく方法を採る。

1セット目は10ＲＭマイナス1ポンドで10回。

2セット目は10ＲＭマイナス2ポンドで10回。

3セット目は10ＲＭマイナス3ポンドで10回。

←

9セット目は10ＲＭマイナス9ポンドで10回。

砂原らは「上のようにして合計回数１００回を週5回行い、毎日10ＲＭ増加していく」と訳している。

すでにお気づきのように、この方法では9セットしか行なわれない。つまり合計で90回しか行なわれていないことになる。これはあくまでも私の想像だが、もし合計が１００回だとするならば、まず「第1セット目は10ＲＭマイナス1ポンドではなくて、10ＲＭで10回行う」という件《くだり》が欠落したのではないだろうか。

また、上記の「毎日10ＲＭ増加していく」という説明の部分も分かりにくい。毎日10ＲＭの重量自体を少しずつ増量していくと理解するのか、あるいは最初は1セットだけ行なうことから開始して、それ以降は毎回のトレーニングごとに1セットずつ増やしていき、10日目のトレーニングで初めて10セットをこなすことになる、といっているのかも知れない。これだと、トレーニングの原則である「漸進性」をうまく活かした形になる。

それはともかくとして、「ドローム・アンド・ワトキンス法」がセットごとに使用重量を増やしていく方法だったのに対して、「ジノビエフ法」は逆に減量していく「ウエイト・リダクション（Weight Reduction）法、ディセンディング・ピラミッド（Descending Pyramid）」であるのが面白い。しかも10セットも繰り返す厳しいトレーニングであるこの方法もまた、今日においても評価されるトレーニング法だといえる。

マックイーン法

この本にはもう一つ「マックイーン法」も紹介されている。

イギリスのI・J・マックイーン（I.J.MaQueen）が唱導する「10RMで10回×4セット」法である。つまり初めから10RMという同一重量でもって、これを10回ずつ4セット繰り返そうというのだから、「ジノビエフ法」に負けず劣らず、非常にきついトレーニング法である。マックイーンは、このトレーニングを週に3度行なうように、といっている。

なお、マックイーンは「1〜2週ごとに10RM増加」と指示している。これは1〜2週間ごとに体調の良い日をみては新により高い10RMに挑戦せよの意味に解釈したら良いだろう。

この意味からすれば、先の「ジノビエフ法」の「毎日10RM増加」と書かれた意味は、「毎日新たにより高い10ＲＭに挑戦せよ」ということになる。だが、これではあまりにもトレーニング強度が高過ぎるので、私は初心者には前述の通り、所定の分量に達するまでトレーニング日ごとにセット数を増やしていく方がよいように思う。

マックイーンは、１９５３年度ミスター英国コンテストの決勝まで残った17名のボディビルダーについてトレーニング法を調査したことで有名な運動生理学者である。

彼はその調査報告書のなかで、大要次のように述べている。

（1）筋肉の著しい発達は、各セットごとに決められた反復回数を繰り返せる最大重量を用いることによって得られる。

（2）各選手のトレーニング内容は一定していない。たとえば1つの運動に対するセット数が3～7セット、また1セット当りの反復回数も9～16回という具合で一定の傾向が見られない。

（3）トレーニング内容（プログラム）は6～8週間ごとに替えている。これは常に同じトレーニング内容だと気分的に飽きやすくなるからである。

右に記したトレーニングのポイントは、１９５３年のイギリスのボディビルダーが採っていた方法をそのまま伝えたものとして興味深い。

もっとも、その当時イギリスよりもアメリカの方がウエイト・トレーニングの技術は数段上だったのはいうまでもない。しかし仮にそうであったとしても、このマックイーンの調査結果は少なくともその当時のボディビルダーが採っていたトレーニング法の傾向を示しているものとみてよいだろう。

３　科学的メスが入る

モルプルゴからシーベルト

まことに不思議なことだが、筋力トレーニングの分野に科学のメスが加えられたのは、つい最近になってからである。

もっとも、すでに１８９７年にＢ・モルプルゴ（B.Morpurgo）が、犬にトレーニングをさせて筋肥大が起こることを確かめてはいる。１９０５年にはルー（Roux）が動作性肥大の理論を打ち出している。彼の弟子のランゲ（Lange）は１９１７年に、今日でいうオーバーロードの原則の基礎を理論づけている。

この考え方をさらに明らかにしていったのが、１９２５年に発表されたペトウ（Petou）とシーベルト（Siebert）の論文である。それは、「筋肉は普段より強くこれが使われるときに肥大が起こる」というものであった。

だが、シーベルトらもどの程度以上がオーバーロードになるのかは明らかにしていない。

筋力トレーニングの分野では、そのまま大きな変化もなく長い年月が過ぎていった。トレーニング方法はあくまでも、昔からの伝統に若干の工夫が加えられたようなものであった。確かにそれらはオーバーロードの形で行なわれるものの、先に記したようにオーバーロードとはどの程度以上の運動を指すのか、これを明確に示すことができなかったのである。

Ｊ．マーレイ、Ｐ．カルポビッチ著『Weight Training in Athletics』の表紙。ウエイト・トレーニングに本格的な科学のメスが加えられ出してから、まだ50年の歴史しか経っていない

これを明らかにしたのは１９５０年代に入ってからである。それは西独のE・A・ミューラー(E.A.Muller)とT・ヘッティンガー(T.Hettinger)らの業績によるものであった。これらについては、アイソメトリックスというテーマで後述したい。

　このようにみてくると、筋力トレーニングの理論的な面での発展はつい最近、つまり第二次世界大戦を終えた１９５０年頃になってから始まった、といっても過言ではなかろう。

科学的なメスを入れたカルポビッチ

　アメリカを代表する運動生理学者、Ｐ・カルポビッチ（P.Karpovich）と、ウエイト・トレーニングの専門家のＪ・マーレイ（J.Murray）共著の〝Weight Training In Athletics〟が出版されたのは１９５６年である。運動生理学者がこうした本を出版したというのも、多分初めてのことではなかっただろうか？

　彼らはこの本の中で大要次のように言っている。

「筋力を高めるためにはオーバーロードの活用が必要である。つまり、持ち上げるのがきついウエイト

（おもり）を持ち上げるのである。だが、どのくらいのきつさかといわれると、ここで共通した見解がない。ある人は『5回以上持ち上げられぬくらいの重さ』が必要であるといい、またある人は『10回以上は持ち上げられぬ重さ』だという。もし持久性を高めたいのだったら、軽量から中重量を用いてそのとき持ち上げられる回数を増やしていくのがよい。ウエイトリフティングに関する科学的研究は、つい最近始まったばかりである」

このようにウエイト・トレーニングへ本格的な科学のメスが加えられ出したのは、1950年頃からのことだから、まだ50年余りの歴史しか経っていないというのが実情である。

筋力トレーニング専門分野への分化

ウエイト・トレーニングは、今日ではボディビルディング（Body Building）、ウエイトリフティング（Weight Lifting）、パワーリフティング（Power Lifting）、リハビリテーション、スポーツの補強トレーニング、健康体力づくりなどの各分野に分けることができる。これらの内、初めの3分野は競技として専門化されている。ウエイトリフティング競技は、1870年代の中部ヨーロッパで始まり、今日まで続いている。各種の変遷を遂げて、今日では両手によるスナッチとクリーン・アンド・ジャークの1RM記録を競う。体重制が設けられている。パワーリフティングは、1950年代のアメリカでボディビルダーたちの間で開花し、スクワット、ベンチ・プレス、デッドリフトの3種目の1RMを体重制の基に競う。

ボディビルディングは、私が知る限りでは、ユージン・サンドウが名付け親である。１９０２年にオーストラリアのショウ・フィチェト（Shaw Fitchett）出版の"Gospal Of Strength"に『サンドウがフィジカル・カルチャー（Physical Culture）をボディビルディングと呼ぶ』といった意味のことを記している。当時行なわれた今日でいうボディビルディングは、フィジカル・カルチャーといっていたようである。

右にウエイト・トレーニングの３つの競技分野を記したが、今日のようにそれらが明確に分化したのは、見方によっても異なるが、筆者は１９６０年頃からだったように思う。

4　各種トレーニング法の誕生

スーパー・セット法

１９５０年前後には、今日でもなお多くのウエイト・トレーニング愛好者に親しまれているトレーニング方法が種々開発された。

出版の年が明記されていないが、私の記憶では確かそれが１９５７年頃だったかと思われるイギリスの"Modern Body-Building"という本がある。著者はＤ・Ｇ・ジョンソン（D.G.Johnson）とＯ・ハイデンスタム（O.Heidenstam）。本のタイトルが示すように、これはボディビルディングが中心の本である。筋肥大に焦点を合わせて書かれているが、彼らは８〜12回を１セットとするセット法や正確な動作でフル・レインジのトレーニングすることの大切さを強調している。また初心者の場合には８回以下の反復回数で行なうと、どうしてもどのくらい重い目方に挑戦できるかといったことに焦点を合わせ易い。それは危険でもあるし、効果を上げにくいと警告する。

ダブル・プログレッシブ・システムやチーティング法、そしてフラッシング法（充血法）も記されているが、これらは１９５０年以前に公にされたトレーニング法だから当然だといえる。しかし、彼らの著書にはまだ本書には取り上げていない新しいトレーニング法が数種類ある。

その１つが、１９５０年代初期にポピュラーになった「スーパー・セット法（Super Sets）法」である。

2種類の運動を組み合わせてこれらを1セットずつ、途中でほとんど休みを取らないで連続して行なう方法を採る。これで1スーパー・セットと数える。このあと1分間以内の休息を取って、再び1スーパー・セット行なう。このようにして2スーパー・セット以上繰り返すのである。

マルティ・パウンデッジ法の誕生

その2は、1947年にアメリカのヘンリー・アトキンス（Henry Atkins）が開発した「マルティ・パウンデッジ法（Multi-Poundage）」である。たとえば5回とか10回反復できる重量を用いてその限界まで繰り返し待ち上げたら、補助者がバーの両端から適当な目方のプレート（円盤）を除去してバーベルの目方を軽減する。練習者はそのまま可能な限界まで挙上動作を繰り返す。このプレートの除去を数回繰り返すのである。すでにお気づきのように、これは先に記した「フォースド・レプス法」と酷似している。

なお、1970年代になると、このマルティ・パウンデッジ法が、たとえばラックの上に置かれたダンベルを両手にとってカールを限界まで繰り返したら、そこで休むことなく、それよりも軽いダンベルをラックから手にとって再び限界まで繰り返す。さらに休みをとって、もっと軽いダンベルへと移行する、…、といった形で行なわれるようになった。ラックに沿って走るように急いで行なうトレーニングなので、ランニング・ザ・ラック（Running The Rack）ともいう。

いずれにせよ、この「マルティ・パウンデッジ法」は、非常に厳しいトレーニングなので、長期間にわたっての採用は勧めたくない、とジョンソンらはいっている。なお、この方法はアメリカの〝Vigour And Body Culture〟誌編集長H・アトキンスが、１９４７年頃発表したもので、別名をストリップ法（The Stripping Method）ともいう。

クランピング法

その3は「クランピング（Cramping）法」である。重めのウエイトを使ってショート・レインジ（Short Range）の動作をする。たとえば、カールに例をとると、肘を少し曲げた位置からバーを巻き上げる動作をする、いわゆるショート・レインジ・カールである。長期間こうした動きのトレーニングだけを行なうと、関節の柔軟性低下を招くかもしれないから注意を要する。

その4は「ワン・アンド・ア・ハーフ（One And A Half）法」。カールでいえば、フル・レインジのカールをしたあと（これが〝One〟）、肘が直角になるところまでバーを下ろして止め、そこからカールをしたら（これが〝A Half〟）、次はフル・レインジ・カールをするという具合に、フル・レインジとハーフ・レインジの動作を交互に繰り返す方法である。

パンピング

D・G・ジョンソンとO・ハイデンスタム共著の〝Modern BodyBuilding〟には、まだ面白い方法が紹介されている。

その一つが「パンピング（Pumping）という方法である。これはボディビルディングのコンテストに出場するビルダーたちが、ポージング・プラットフォーム（舞台）に出る前に少しでも身体各部を膨ませて大きく見せよう、という目的でもって行なうトレーニング法である。

軽めのウエイトを用いて。スピーディーにショート・レインジの動作を適当な回数だけ繰り返してパンプ・アップ（pump-up）を図るのだ。パンプ・アップとは、その部分の筋肉の収縮運動を繰り返して、動脈を充血させ、その身体部位を膨張させること（一時的膨張）をいう。一流のボディビルダーの場合には、パンプ・アップさせると、たとえば上腕屈曲囲で1センチメートル以上優に太くなる。だが、これは先にもいったように一時的な膨張であるにすぎない。

しかしこれが筋肥大につながらぬわけではない。ただし、そのとき強いオーバーロード（過負荷）がかけられている、ということが条件である。

リバウンド

次にジョンソンらは「リバウンド（Rebound）法」を紹介している。床やベンチ、あるいは体の一部にバーベルを急速に落として、その跳ね返り（bounce off）を利用してバーベルを再び持ち上げる、という方法である。デッドリフトに例をとれば、床上に置かれたバーベルを両手で持ち上げたあと、それを勢いよく床に下ろし、このときの弾みを利用して再びデッドリフトする。ベンチ・プレスならば、いったんプレスしたバーベルを胸まで下ろし、このときの反動を利用して再びプレスする方法である。

これらから分かるように、これは一種のチーティング法である。跳ね返りを利用するので、ストリクト・スタイルにおけるよりも重いウエイトを使用できる。

もっとも、こうしたトレーニング法は、この時代に初めて行なわれたというものではないかもしれない。誰でも初めて重いウエイトに挑戦するときには、こうした持ち上げ方を自然に採ることが多いからだ。しかしそれはそれとして、こうした命名がなされたのは1950年中期になってからのことである。

セット・プログレッション

ジョンソンらは最後に、「セット・プログレッション（Set Progression）法」を記している。

これは次のような方法である。たとえば、ある運動をまず3セットずつ行なうことでもってトレーニングを開始したとしよう。やがて筋力がつき、トレーニングに慣れてきたら、頃合いを見計らってこれを4セット、さらに5セットに増やすのである。ただし1セット当りの反復回数はそれまでと同じに保つ。トレーニングは漸進的に行なうのが原則。最終的にセット数を何セットにするかは自由である。

トライ・セット法とジャイアント・セット法

先に原則として拮抗筋（または同じ筋肉）を鍛える運動を2種類組み合わせ、それらを1セットずつ連続して行なったら、そのあと30～60秒くらい休み、また同じことを繰り返す、「スーパー・セット法」を紹介した。これを3種類の運動を組み合わせて行なえば「トライ・セット法（Tri-set system）」、4種類以上の運動を組み合わせれば「ジャイアント・セット法（Giant Set）法」である。

5 ハイ・プロテインの登場

ハイ・プロテインの登場

さて、ここらで少し話題を変えてみたい。わが国でも30年くらい前からだろうか、ハイ・プロテインがスポーツ界で愛用されるようになった。多くの人がこのプロテインは１９７０年頃に開発されたかのように理解しているようだが、実はそうではない。私の手元にある資料によると、それよりもずっと以前、すでに１９５１年11月号のアメリカのウエイト・トレーニング専門誌"Strength And Health"誌にその広告が見られるからである。シカゴでボディビルディングのジムを経営しているI・ジョンソン（Irvin Johnson）が開発した"Irvin Johnson's Hi-Protein Food"はボディビルディングの面で奇跡的な効果を発揮する"という広告がそれである。

ジョンソンズ・ハイ・プロテインにはチョコレート、バニラ、ブラック・ウォールナッツ（黒クルミ）、ココナッツという4種類の味のほかに、味の点では淡白なものもあった。

その広告には13歳の少年のハイ・プロテイン使用前、使用後の裸の写真が掲載されている。食事のほかにプロテインを補食しながらトレーニングをしたところ、１ケ月間で体重が13ポンド（約６キログラム）も増量した、というのだ。４ポンド（約１・８キログラム）入りが４ドル（当時の日本円にして１４４０円）である。

広告にはもっと細かい説明や、プロテインを使用して効果を得た者からの礼状の一部が載せられている。そのなかに、「アービン・ジョンソン・ジムネイジアム（体育館）では昨年からこれを使用して効果を試してきた」と記されているところをみると、ハイ・プロテインが開発されたのは1950年頃だったのかも知れない。

私も提言したのだが…

私にもハイ・プロテインにまつわる次のようなエピソードがある。

1954年頃の話だが、プロレスの故力道山が日本橋の人形町にプロレス道場を開設した。ここにアメリカのオリンピック・バーベルとして有名なヨーク・バーベルがあるのを耳にした私は、ときどき遊びがてらにトレーニングをさせてもらった。こうして力さんと知り合った私は、彼から大きな缶入りのボブ・ホッフマンが売り出しているプロテインをもらったことがある。この文章を書いていると、当時の情景が思い出されて、なつかしい。

また1958年に東京で第3回アジア競技会が開催されたことは、読者の皆さんもご存知の通りである。その1年前だったかと思うが、この大会に参加する競技団体の代表者が集まって、選手強化に関する会議が日本体育協会で行なわれた。

私は日本ウエイトリフティング協会から推されてこの席に連なり、次の2点を進言した。その1つは、日本選手も筋力トレーニングを採用して筋力・パワーの強化を効率的に図っていかなければならないということ。もう1つは、今アメリカのスポーツ界で注目を浴びているハイ・プロテインをわが国でも作ってみてはどうかということだった。だが、前者は、チェアーマンの水町四郎博士が「スポーツ選手は極端にいえば一種の奇形だ。たとえばテニス・プレーヤーは利き腕が非常に発達しているのが普通。技を発揮するときには微妙なコーディネーションを必要とする。それほどデリケートな能力を要求されるスポーツ選手が、単に筋力を鍛え上げただけで強くなるとは考えられない。むしろ悪影響のほうが大きいのではないか」と反対して、若い私の意見はつぶれてしまった。

ハイ・プロテインについては、順天堂大学の東俊郎教授が「もしアメリカのハイ・プロテインなるものの現物があれば、その成分分析を行なえばわが国でも作れるんだが…」ということであった。なにしろ、そのとき私の手元に現物がないのだから、致し方ない。こちらのほうもそのままで終わってしまった。

今になってみると、これらはいずれも、その分野の歴史を語るさいの懐かしい思い出話となった。

各種サプルメントの登場

その後、プロテインの登場を皮切りに各種のサプルメントが開発され、今日に至っていることは、すでにご承知の通りである。

6　パワー・トレーニングの開発

スプリット・トレーニング・システム

イギリスのＬ・ラベル（Lou Ravell）が、１９５９年に出した"Body-building For Sportsmen And Athletes"には、「反復回数と使用重量」という面で次のような面白い記述がある。

「原則として、筋力強化を図るときには低回数で重いウエイトを用いる。通常の発達を狙うときにはいくぶん軽めのウエイトでもって中くらいの回数を採用する。持久性、つまりスタミナや体力全般を高めたいときには、軽いウエイトで高回数繰り返す」

ラベルはこのように述べ、「もちろんのこと、どんな運動であろうとも、また何回それを繰り返そうとも、必ず正しいフォームで、そのとき可能な最大重量で行なうべきである」と続けている。

この考え方は、これまでに見てきたウエイト・トレーニングの大まかなポイントを統括したものとして興味がある。いずれにせよ、１９６０年以前のウエイト・トレーニングはこのような考え方に基づいて行なわれていたわけで、若干の疑義はあるが、今日でも大方通用する考え方であることには異論がない。

ラベルはこの本の中で「チーティング法」や「マルティ・パウンデッジ法」を解説したあと、さらに続けて「スプリット・トレーニング法（Split Training System）」を紹介している。簡単に「スプリット法」とも呼ばれ、今日でも広く採用されている方法である。これは、全身強化を目的としたコースに従ってトレーニングをすると、沢山の運動をこれに盛り込めないし、集中したトレーニングができないといった弊害があるところから生まれたテクニックである。たぶん、この方法はもっと古くから採られていたようにも思われる。たとえば私も１９４８年頃の高校時代から使ったことがあるからだ。私が自分自身で発想した方法である。もちろんこの方法を採用したのは、先に記したような理由からであった。

「スプリット法」は文字通り全身強化用のトレーニング・コースをスプリット（分割）してトレーニング・コースをいくつか用意する方法をいう。

ラベルは、全身を（a）胸、腕、背、肩と（b）腹、大腿、下腿の2つのグループに分けて、コースを作るのがよい、としている。

週4回トレーニングを実施するときには、月曜日と木曜日が（a）コース、火曜日と金曜日が（b）コースによるトレーニング日となり、水曜日と土曜日、日曜日が休日である。

週6日制なら、月曜日、水曜日、金曜日が（a）コース、火曜日、木曜日、土曜日が（b）コースによるトレーニング日で、日曜日だけが休日となる。

この「スプリット法」は、身体各部にかなり集中したトレーニングができるので、今日でもボディビルダーやウエイトリフターが広く採用している。

内容の異なるスプリット法もある

もっとも、1950年以前から「スプリット法」という名称を使いながらも、その内容が全く異なる方法もある。

1950年12月号の"Muscle Power"誌に、B・ホーバス（Barton Horvath）が寄稿した「科学的ボディビルディング」という論文の中にそれが紹介されている。次にその概要を記してみる。

「同じ身体部位を鍛える運動を2種類以上連続して配列しない形でトレーニング・コースを作る。たとえば上腕二頭筋を鍛えるカールをやったら、次は胸を鍛える運動に移る。あるいはそのほかの運動でもいいが、ともかく上腕二頭筋以外の筋肉を鍛える運動に移る。こうして次々と異なる身体部位の運動へと移っていき、再びカールに戻り、コースの2循環目に入っていく。各運動はもちろん1セットずつ行ないながらコースを1循環して、再び同様な方法を採りながら2循環目に入っていくのである。運動と運動の間、つまりセットとセットの間の休息時間は、普通のトレーニングのときと同じくらい採ればよい」

本書ではまだ紹介していない方法で「シングル・セット法（Single Set System）」というのがある。初心者の場合は体力水準が低いことがあるので、どの運動も1セット行なうだけでもオーバーロードがかかり、それで十分効果が上がる。したがって初心者向きのトレーニング法として、1900年代の初め頃まではこの方法を採用する練習者が多かったという。ホーバスのいう「スプリット法」は、この意味において1つのトレーニング・コースを2循環以上する形を採るが、セット間（運動間）に休みを挿みながら進めていくので、「シングル・セット法」を拡大した形のトレーニングのようでもある。したがって今使った筋肉の疲労は、次々と別の筋肉を使う運動を実施していくうちに解消されていくことになる。

コースを何循環かすると、「セット法」と同様に多くのセット数をこなすことになるが、まとめて同じ運動を何セットもこなす「セット法」のほうが体力的にはきつい、といえる。このため、ホーバスはこの「スプリット法」を初心者向きのトレーニング法だと位置づけている。

だが、先にも断ったように、今日では「スプリット法」はラベルがいうような「分割法」として捉えられるようになっているのだ。

このホーバスのいうスプリット法は、後述する１９５０年代初めに誕生したサーキット・トレーニング（Circuit Training）に類似している。だが、サーキット・トレーニングは休息を取らない点やノルマ（運動分量）の決め方などの点で、相違があることをつけ加えておきたい。

パワー増強のためのベロシティ・トレーニング

フラッシング法、スーパー・セット法、クランピング法などは、どちらかというと筋力よりも筋肥大に重点を置いたトレーニング法であるように思われる。

だが、実際のスポーツの現場では、たとえ筋力に優れていたとしても、その筋力が活かされない場合が少なくない。それは、スポーツの演技の中で筋力がパワーという形で発揮されるからである。パワーが「力×スピード」という資質である以上、演技の中でスピードを有効に発揮しなければ、せっかくの筋力も死蔵しているに過ぎない。

このように考えたスコットランドのＤ・ウェブスター（David Webster）は１９５７年に「ベロシティ・

トレーニング（Velocity Training）」という方法を発表した。ウエイトリフティングのスナッチやクリーン・アンド・ジャーク、そしてまた投てきの動作の中で強い筋力が必要なのは当然だが、優れたスピードもまた極めて重要な条件の一つである。スピードをもっと向上させた形でのパワー・アップを実現できる方法が完成したとしたら、トレーニング法上大きな進歩となる。

ウェブスターはこうした背景のもとで次のようなトレーニング法を開発した。それはトレーニングに時間という要素を組み入れたものである。一例をプレスにとって説明してみよう。

まず5回×4セットが可能なウエイトを決める。これは5回ずつ4セットできる範囲での最大重量でなくてはならない。どのセットでも最後の1回がかなり努力をしなくては持ち上げられないような重量を用いる必要がある。

D．ウェブスター。パワー増強のための「ベロシティ・トレーニング」法を考案した

これが決まったら、次のトレーニング日に、1セット目を開始したときから3セット目を終了までの時間、つまり3セット終了までに要する時間を計る。そして、その時間から2分間を差し引いた時間を目標時間にするのである。

それ以後はこの目標時間を目指してトレーニングしていけばよい。セットとセットの間には休息を挿むが、この休息時間が短くなれば、トレーニング強度が高まっていくことになる。また、パワーが高まれば、それだけ同一重量を使ったときのプレス動作のスピードも速くなる。こうして、目標時間へ到達する、というわけだ。

ウェブスターは、なぜ4セットでなく3セットに要する時間を試すのがよいかについては明記していない。あるいは非常に重いウエイトを使用するので、体調によっては4セット目が3回とか4回しか持ち上げられぬことがあると考え、3セットならその危険性が少ないと踏んだのかも知れない。

この「ベロシティ・トレーニング」が誕生する以前は、まだ特別に時間短縮を図るトレーニング方式をウエイトリフティングのトレーニング技術の中に取り込む者はいなかったようである。したがってプレスについてはただ「高負荷・低回数制」によるトレーニングを行なって筋力とプレスの技術を養い、これとは別にプレスの補強運動として、たとえばインクライン・ベンチ・プレスのような運動を5～10回×4～5セット実施する、というのがその当時の代表的なトレーニング内容であった。このことを思えば、このスピードという要素を加味した「ベロシティ・トレーニング」は、トレーニング法の進歩になった、といってよいだろう。

北欧で人気を得たパワー・トレーニング

なお、1960年代の初期になると、北欧でパワー・トレーニング(Power Training)という名称のトレーニング法がポピュラーになった。これはある運動について一定のウエイトで一定の回数を繰り返すときの所要時間を短縮していく方法をとる。あるいは、逆に、たとえば10秒間にその動作を何回反復できるか、その回数を高めていく方法をとる、というものである。

トレーニング・コースの作り方～大筋群から小筋群へ

先に、トレーニング・コースを作る際の「スプリット法」について触れた。これは全身をたとえば2～3つの部位に分けて、それぞれの部位を鍛えるトレーニング・コースを作る方法である。

これに対して、1回のトレーニングで全身強化を目指すトレーニング・コースの作り方もある。これについては、運動の配列順序にも気を配る必要がある。アメリカのメリーランド・ユニバーシティのB・H・マッセイ（Benjamin H. Massey）が他の3名の体育学者と著した"The Kinesiology Of Weight Lifting"は1959年に公にされたが、この中で、彼らは大要次のような考え方を述べている。

「運動の配列方法の1つに、大筋群の運動を所定のセット数ずつ繰り返しながら、次第に小筋群への運動へと移っていく、というものがある。この方法は、小筋群が疲れていないので、大筋群のトレーニングを効果的に行なうことができる。たとえば、先に手首や手のような小筋群の運動から入ってこれらの筋肉を疲労させてしまった、としよう。そのあとで大筋群を鍛えるために重いウエイトを扱おうとしても、すでにこれらの小筋群が疲れているので、それが困難になる。トレーニング効率がかなり落ちる、というわけである」

このような考え方をもとにして、彼らは次のような運動の配列順所がよい、としている。

1　足の運動
2　背の運動

3　腹の運動
4　胸の運動
5　上腕の運動
6　前腕の運動
7　首の運動
8　その他の種々な運動

なお、マッセイらは、「フラッシング法」「フォースド・レピティション法」「スーパー・セット法」「マルティ・パウンデッジ法」などの他に、「コンビネーション・エクササイズ（Combination Exercise）という考え方を提示している。

これはトレーニング効率を良くするために、2つの独立した運動を組み合わせた形の新しい運動を作る、というやり方である。たとえば、デッド・リフトとショルダー・シュラッグの2つの運動を組み合わせるのがそれだ。まず床からバーベルを腰まで持ち上げて直立したら（デッド・リフト）、引き続いてバーベルを腰の前にぶら下げたまま肩を大きくすくめる（ショルダー・シュラッグ）のである。

このような新しいコンビネーション・エクササイズを作り上げるときには、まず2つの運動の動きが互いに組み合わさっても別に動きの上に支障をきたさないことと、もう1つ、どちらの運動においても同じくらいの目方のウエイトが使える、というこれらの2点が重要なポイントになる。

このようなタイプの運動は、1つの運動でもって多角的に筋肉を鍛えられるので、短時間でトレーニングを終えられ、多忙な人にとって便利である。

スピード・オーバーロード・テクニック

フランク・ビテイルは、パワー養成のためにスピード・オーバーロード・テクニック（Speed Overload Technique）を勧めた。それは普段よりも重い靴をはいて走るとか、ジャンプするというものである。だが、これはすでにアメリカでは南北戦争（1861〜1865年）後の一時期、スポーツ選手の間で広く使われていた、とするボブ・ホッフマンの記述があるので、新味がない。

三宅式マルティ・セット法

ところで、わが国が誇るウエイトリフティング選手といえば、誰でも1964、1968年のオリンピック大会のフェザー（60キログラム）級に連続優勝を果たした三宅義信（1939年〜）に止めを刺す。彼のトレーニングは私流に名付けるならば「三宅式マルティ・セット法」とでもいえるのではないか。その当時はプレス、スナッチ、ジャークの3種目時代だった。その1つのスナッチに例をとれば次のように行なうのである。まずバーだけ（20キログラム）でスナッチのフォームを自分が納得いくまで反復練習する。少しでもフォームに不都合な点が感じられたら使用重量を下げて反復しながら、次第に重量を高めていく。したがって1回のトレーニングで消化するセット数が多い（マルティ）。「マルティ・セット法」と呼びたい所以である。

第4章　サーキット・トレーニングとアイソメトリックス

1　トレーニングマシーンの登場

マルティ・ステーション・マシーンの開発

１９６０年代に入ると、筋力トレーニングの用具、たとえばノーチラス・マシーンに代表されるようなメカニカルなマシーンがいろいろ開発され始めた。もちろん、これは今日でもなお続いている。

これらの器具の中に、四角形や六角形の枠組みの中に独立した運動ができる器具を具備した「マルティ・ステーション・マシーン（Multi-Station Machine）」がある。これは、たとえば10名の練習者が同時にトレーニングできるように10種の器具を備えていれば「10セパレート・マシーン（10 Separate Machine）」とも呼ばれる。アメリカのユニバーサル社製の「ユニバーサル・マシーン」などは、わが国でもおなじみであった。

実は１９６０年代中頃登場した前記「マルティ・ステーション・マシーン」の原形は、すでに１９５６年頃のアメリカでは出回っていたのである。

１９５６年６・７月号の"Iron Man"誌の44ページにその広告が掲載されている。タイトルは"The Marcy Multi-Gym"となっている。ロサンゼルスに本拠をもつトレーニング器具メーカー"The Marcy Company"が作製したのだ。値段は１８９ドル50セント（当時の日本円にして６万８２２０円）である。前記の「ユニバーサル・マシーン」と同様に四角い枠組みが使われている。そして、その四角の各辺を利用してシット・アップ、レッグ・プレス、インクライン・プレス、ベンチ・プレスなど、4名の練習者が同時にトレーニングできるように仕組まれている。

もちろん、このマシーンの機能はこれだけではない。これらの他にもチンニング、カーフ・レイズ、ハック・リフト、スクワット、デクライン・プレス、クロス・オーバー、オーバーヘッド・ラット・プル、インクライン・オーバーヘッド・プリー・プルなどの運動もできる。ただし、同時にトレーニングできるのはだいたい4名である。

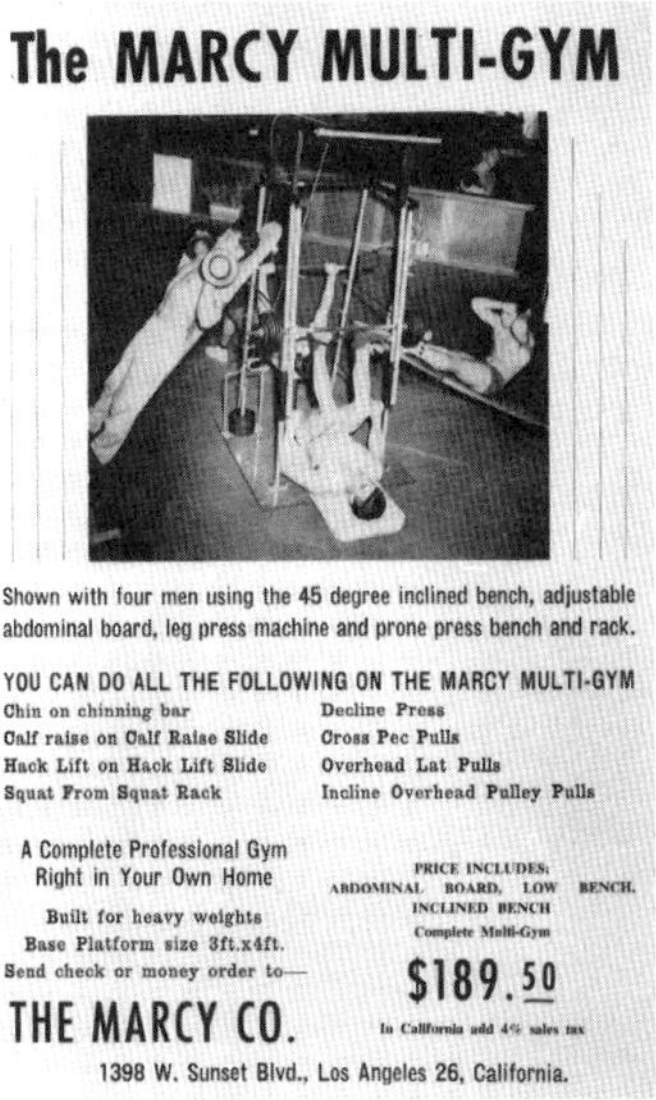

「マルティ・ステーション・マシーン」の原型と思われる「The Marcy Multi-Gym』

もっとも、このマシーンは今日のユニバーサル社やパラマウント社製の「マルティ・ステーション・マシーン」とは違って、この四角い枠組みの中にウエイトが組み込まれている（ウェイトスタック、Weight Stack 式）わけではない。四角い枠組みの一辺を構成する左右の支柱にフックがあって、これにバーベルを載せ、ここからバーベルをとってベンチ・プレスをする。あるいは一辺に高低を調節できる横棒（肋木様のもの）が用意してあって、これに腹筋台やインクライン・ベンチを引っ掛けて傾斜をつけ、シット・アップやインクライン・プレスをするという具合に、まことに原始的な器具であった。

モダンなマルティ・ステーション・マシーンの誕生

だが、１９６０年代に入って、この"Multi-Gym"がまことにモダンな形のものへと変身を遂げるのだ。

その代表的なものが、"Universal Gym"で、それは四角の枠組みの中に、ベンチ・プレス、ショルダー・プレス、ラット・プル（オーバーヘッド・プリー）、ロー・プリー、レッグ・プレスの５種類の器具が備わったものであった。それに加えてチンニング、ディッピング、ヒップフレクサー、アブドミナル・コンディショナー、ハイパーバック・イクステンションなどがあって10ステーション・マシーン、つまり同時に10人がトレーニングを実施することができる仕組みのものとなっているのだ。

しかも初期の"The Marcy Multi-Gym"とは異なり、たとえばベンチ・プレス・マシーンやショルダー・プレス・マシーンもこの四角の枠組みの中にウエイトが備えられており、それに直接バーがついた形になっている。以前のバーベルを用いたマルティ・ジムとは打って変わってモダンなマシーンへの変身である。

このようなマルティ・ステーション・マシーンは前述したように、他のトレーニング器具メーカーでもそれぞれ独自の形のものが開発されていった。

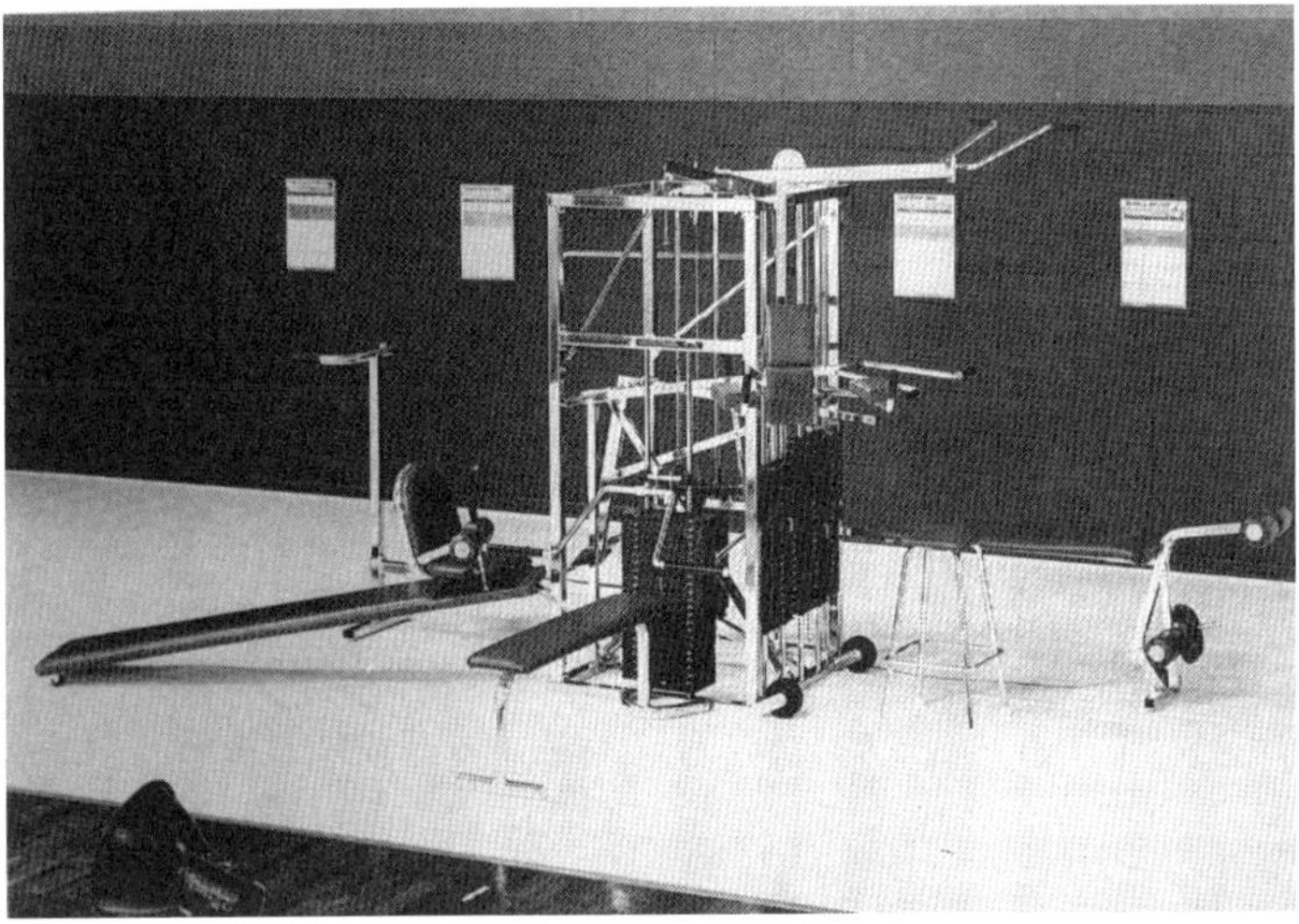

ユニバーサル・マシーン。10 種類以上の運動が同時に行なえる。
サーキット・トレーニングの実践を容易にした

一度に多人数がトレーニングできるマルティ・ステーション・マシーンの出現は、後ほど紹介するが、サーキット・トレーニングやスーパー・サーキット・ウエイト・トレーニングなどの実践を容易にした。

マルティ・ステーション・マシーンは、後述するスーパー・サーキット・ウエイト・トレーニング方式を生み出す直接のヒントにもなったようだ。

しかもこのようなマルティ・ステーション・マシーンでは、ウエイトの調節がピンの差し込み一つでできるので、トレーニングに要する時間的な効率を高めてくれたといえる。

マシーンとフリー・ウエイト

ところが１９６０年代に入った頃からだっ

ただろうか「フリー・ウエイト（Free Weight）」という言葉をよく耳にするようになった。これは1960年代に入ってマシーンが登場してから誕生した用語である。マシーンは「ガイディング・マシーン（Guiding Machine）」のことである。「ガイド」とは「誘導する」の意、つまり、予め決められている軌跡の上をたどって挙上動作ができる器具のことをいう。これに対してフリー・ウエイトは、練習者の意思一つで運動動作の軌跡を自由（フリー）にかえられる器具という意味で使われるようになった。

全身持久性を高めるための条件

これまでに述べたことからも察せられるように、筋力強化のトレーニング法としては、「セット法」が最も広く知られている。いうまでもなく、1つの運動についてまとめて2セット以上繰り返す方式が「セット法」である。筋力強化には「高負荷（重量）・低回数制」が採られる。しかしセットの間の休息は、一般に重いウエイトを使ったときの方が長くなる。それは一般的にいって2分～5分間くらいの時間である。

ところが、低回数でのトレーニングでは、心拍数の上昇がさして得られない。その上セット間に、たとえば2～5分間という長い休息をとるトレーニングでは、心拍数の上昇を抑制することになる。

周知のように、全身持久性を向上させるには、心臓・肺臓にオーバーロードを課さねばならない。これは心拍数を一定水準以上に上昇させ、これを一定時間以上維持することによって果たされる。

『健康・体力づくりマニュアル』の著者、Ｎ・ローレンス（Ned Laurence）らは、この一定水準以上という件を次のように表現してる。

「心拍数をトレーニング・レベル、つまり最大有効範囲（Maximum Benefits Range,MBR）まで上げねばならない。これは、最大心拍数の70～85％の範囲である。…中略。心拍数をこの範囲まで高め、それを最低12分間は持続しなければならない」

この場合、最大心拍数を導き出す一般的な方法としては

「２２０―年齢」

という公式を使う。たとえば筆者のように76歳の練習者の場合は

「２２０―　76＝１４４」

つまり最大心拍数が１４４になる。したがって１００～１２２拍がＭＢＲというわけだ。

2　サーキット・トレーニング

サーキット・トレーニングの誕生

筋力トレーニングは、先にも記したように長い休息時間をはさみながら進めると、筋力は向上するが、全身持久性を発達させにくい。そこで、総合的に体力を鍛えるためには、筋力トレーニングの他にジョギングやインターバル・トレーニングなどを併用することになる。

だが、トレーニングの経済性からいえば、もし単一のトレーニングで各種の体力要素が同時に発達するとなれば、それが最も都合がよい。このような観点から誕生したのが、英国のリーズ大学教師R・E・モーガン（R.E.Morgan）とG・T・アダムソン（G.T.Adamson）によって開発された、サーキット・トレーニング（Circuit Training）である。

このトレーニングでは、1つの運動について休息をはさみながら2セット以上連続して繰り返す「セット法」とは異なり、コースの第1の運動から最後の運動まで1セットずつ繰り返して1循環したら、再び第1の運動に戻り、2循環目に入っていく手法をとる。このようにコースを循環（サーキット）していく方式を採るトレーニング法がサーキット・トレーニングである。

もっとも、このようにコースを循環していく方法が採られたのは、何もこれが初めてだったわけではない。私が初めて本格的にウエイト・トレーニングを実践し出したときの方法がこれだったからである。また前述したＢ・ホーバスの「スプリット法」がそうである。

サーキット方式は自然な形だ

１９４６年の正月から、私は本格的にトレーニングを開始した。兄の誠一が手解きをしてくれた。兄がトレーニングを組織的に始めて、倉敷の実家にトレーニング場を開設したのが１９３６～37年頃のことである。その頃とっていた兄のトレーニング方法を、私は伝授されたのだからその歴史は古い。

R．E．モーガン、G．T．アダムソン著『Circuit Training』の表紙

兄は自然にこんな方法を編み出したと思われるが、これは何も私の兄だけに限ったことではない。欧米においても、こうした発想でトレーニングをした練習者は沢山いたはずである。

それというのは、こうした循環方式のトレーニングもまた極自然な形だからである。因に私が以前いた早稲田大学でのウエイト・トレーニングの授業では、一定のコースに従ってトレーニングをやらせると、クラス定員70名中の何人かは「セット法」でトレーニングせよといっているにもかかわらず、「循環方式」でトレーニングをする者がいるからである。

休みなく、を強調

それはともかく、モーガンらはこの「循環方式」をとりながらも、途中に休息時間を極力挿まないでトレーニングを進めていけるように工夫を加えた。この点がそれまでの「循環方式」よりも一歩も二歩も前進しているのである。次々と休みなく（ただし自分のペースで）トレーニングを進めていくうちに、やがて心拍数が上昇して、全身持久性を養うのに必要なオーバーロードを心臓、肺臓、血管などにかけることになる。まさに、画期的なオールラウンドなトレーニング方法である。休みなく「循環方式」でトレーニングを進めていくために、モーガンらはコースを構成する各運動のノルマ（トレーニング時に行なう分量・強度）を、その練習者の最大能力の50％とした。もしも腕立て伏臥腕屈伸運動（プッシュ・アップ）で30回が最大能力だとすれば、その練習者のトレーニング時のノルマは15回ということになる。

ノルマは50％

このようにコース内の各運動のノルマの決定は、それぞれの運動ごとに最高に繰り返せる回数を事前にテストして、その50％とする。だが実際には、コースの各運動を休みなく連続して最高回数をテストしていくことは不可能なので、各運動の最高回数をテストするごとにそのあと1分間の休息を挿むようにした。

また、こうするために、コースの運動を連続して同じ筋肉を使わないような順序で配列する必要がある。たとえば脚の運動を終えたら腕の運動に移り、次いで腹、背というように次々と別の身体部位の運動をして、再び脚の運動に戻る、という具合にである。

総所要時間のテスト

こうしてトレーニング・コースを作ったら、次回のトレーニングではそのコースを3循環するのに要する時間（総所用時間）のテストに移る。そして、その時間の約90％に相当する時間を目標時間に定めるのである。それ以後は、この目標時間を目指してトレーニングを進めていけばよい。

これがサーキット・トレーニングだが、トレーニングに「循環方式」と「総所要時間の短縮」というアイディアを盛り込んだのが受けてか、あっという間に世界的な普及をみた。モーガンらがこれの専門書を公にしたのは、1957年のことである。

素晴らしい日本人の知恵

わが国ではサーキット・トレーニングを、1960年の末期、東京オリンピック選手強化対策本部（日本体育協会内）が、選手強化の一環として採用した。

長年ウエイト・トレーニングを実践してきた私は、早速サーキット・トレーニングの指導講師に迎えられて、東京大学加藤橘夫教授のお供をして全国各地を駆け巡った。

その講習会場では時々こんな囁きが私の耳に入ってきた。

「確か昔、我々はこんなトレーニングをやった記憶があるなあ」

もちろんそれは歳の頃私よりも上の人たちの声だった。

つらつら考えてみると、私もこれに類似したトレーニングを確かに体験したことがある。それは1943年、私が通っていた倉敷の小学校でのことである。

校庭の端を利用してそのコースは作られていた。何しろ60年も昔のことなので、今ではうろ覚えでしかないが、コースは大体次のようなものであった。

まず、高さが50センチメートルくらいの植木が横に一列に植えられている。これがスタートだ。

この上を跳び越したら、少し走ってすぐ前方にある幅1メートル・深さ約80センチメートル・長さ約6メートルの塹壕の中に飛び込む。体が塹壕よりも上に出ないように気をつけながらこの中を素早く移動して地上に飛び出す。

少し小走りして加速をつけたら、前方に作られた城壁と称する木製の台の上によじ登る。高さが約１７０センチメートルあるこの城壁に登るときには、まず片足の足先を城壁の中程にドンと当てて膝を伸ばしながら平になっている城壁の上に両手をつき、腕立てをして城壁の上によじ登って立ち、そこから地上に飛び降りる。いきなり腕立てができないときには、片ひじを城壁の上に引っ掛けてよじ登っていく。

さらに、少し走ったら、腹筋運動のシット・アップをする場所がある。さらにその先には登攀棒が設けられていて、両膝で棒を挿み、両腕で約3・5メートルの高さを登る。そして、その後は約30メートル走って高鉄棒に辿り着き、ここで懸垂屈腕（チンニング）をするのだ。

もちろん、懸垂屈腕を終えたら、すぐに元のスタート位置まで走って戻り、コースを2循環、３循環してもよい。

このトレーニング・コースは当時「戦技訓練」と呼んでいた。

今日行なわれているサーキット・トレーニングが、フリー・ウエイトや筋力トレーニング用の各種マシーンを用いるのに対して、この「戦技訓練」はそうした器具を使っていない。

しかし発想的には、筋力・パワー・持久力・敏捷性などの体力資質を養う総合的なトレーニングだから「戦技訓練」も一種のサーキット・トレーニングだ、といってよい。

誰がこのようなアイディアを提供したのか知らないが、素晴らしい日本人の知恵である。

アメリカの「戦時野外横断競争」

ところが面白いことに、この「戦技訓練」と実によく似たトレーニング・コースが、同じ時期のアメリカにも存在していたのである。

T・K・キュアトン（Thomas K. Cureton）が、その著『体力ワーク・ブック（原書名"Physical Fitness Workbook"）の中で「戦時野外横断競争」を紹介しているのがそれだ。1942年5月にキュアトンがイリノイ大学にこれを設け、学生たちが年間を通じてこれを実施したとある。

「戦時野外横断競争」とはどのようなものなのか、これについてキュアトンは次のような説明をしている。

「戦時のランニングにおいては、次のような2、3の変ったものが必要である。長距離走の能力、防衛のためのかがめて（窪田注：屈んで）走る能力、保護のためサッと走る能力、路上にある障害物を怪我することなく素早く跳び超える能力、穴か溝に飛び込む能力、爆発しつつある爆弾から飛び散る流弾を避けるためにかなり速く走っている状態から怪我することなく伏せる能力、かなり離れている狙撃兵の狙いを狂わせるためにジグザグ形に走る能力」（68ページ）

ちょっと表現がモタついてはいるが、邦訳されたままをここに記させて戴いた。大体の狙いがこれで分かるだろう。要するに、戦時下において爆弾や銃弾などの危険から素早く身を躱すに足る能力やパワー。敏捷性、柔軟性、全身持久性を身につけるためのトレーニングなのである。

キュアトンは3・5マイル（約5・6キロメートル）のコースを荒れた地形、トウモロコシ畑、草地などを利用して設けた。

ランニングが主体のコースだが、途中に塀の跳び越えをも含む高障害物が用意されている。しかも運動途中で様々な音による合図が与えられ、これらに反応して体を回転させたりする動作が要求される。四つん這いで這ったり、樹木の間をジグザグに走ったりして、ともかくコースは変化に富んでいる。これらの他にもパートナーを肩に担いで運搬する力運動も含まれているのはいうまでもない。

キュアトンは、この「戦時野外横断競走」の他にも、同様な「イリノイ障害コース」を設けている。これは1942年7月にS・C・スターレー（S.C.Starley）とW・W・ブラウン（W.W.Brown）によって企画されたものである。

そのコースは長さ1320フィート（約400メートル）で、その全距離の中にたとえば次のような運動が盛り込まれている。

溝の跳び越し、高い柵の腕立て跳び越し、尖った屋根の形をした木の組み台の上の駈け渡り、ロープ渡り、平行棒上での腕支持渡り、4本のハードル跳び越し、土管くぐり、城壁の跳び越しなど、全部で25種類の障害物が設けられている。

もちろんこのコースを完走するのに要する時間を計り、これを短縮していくのである。

キュアトンはこの本の中で、もっと変った障害コースも紹介している。だが、ここで私にとって興味深いのは、キュアトンのいうコースがわが国で行なわれた「戦技訓練」コースと大同小異だったことである。ほぼ同じ年代に、しかも互いに抗戦中であった日米両国に、こうした同じようなアイデアが醸成されたことに不思議さを感じるのである。

のど元過ぎれば熱さを忘れる

私がサーキット・トレーニングの講習会で耳に挿んだ話は、どうやら上に述べた「戦技訓練」を指していたものと思われる。

その後、第2次世界大戦も終結し、平和が両国に訪れた。それとともにこうした素晴らしい知恵の結晶もまた、人々の脳裡から去っていったものとみえる。

「のど元過ぎれば熱さを忘れる」という諺がある。いくらいい内容のトレーニング・コースであっても、現に爆弾や銃弾に対する恐怖がなくなってしまえば、その防御も不必要となる。こうしてこの霊験あらかたなオールラウンドな体力づくりの方法も、いつしか人々の口にすら上らなくなっていったようである。

パルクールの誕生

ところが、1968年頃にスイスで〝Parcours（パルクール）〟という運動施設が、山の起伏を利用して沢山できた。フランス語に暗い私には、どう発音するのかよくわからない。したがって日本語で書いてもかえって混乱を招くばかりだが、ここでは怪しげなルビを振っておく。

〝Parcours〟には、たとえば山の麓から中腹にかけて約2キロメートルのジョギングコースを設け、約100メートル進むごとに何らかの運動をするステーションが設けられている。たとえばシット・アップやスクワット、トランク・ツイスティング、ベンド・オーバーなどのような主として体の一部を強化するタイプの運動ができるステーションである。

Parcoursの掲示板。公園のジョギングコースにみられる

各ステーションには掲示板が立てられていて、それにその場所で行なう運動の動作とそれぞれの反復回数が示されている。その運動を終えたら、次のステーションに進むのに「走れ」、「歩け」の指示が掲示板に図示されている。上り坂になっているときは「歩け」、下り坂になっている地形では「走れ」、になっているのが通常である。

スイスで開発されたこの〝Parcours〟は、野外サーキット・トレーニングといってもよいだろう。健康と体力全般を養うためのトレーニング・コース"Parcours"は、その後西ドイツに広がり、さらにアメリカへと伝わっていった。

アメリカでは確か、１９７０年代の中頃に「パーコース（Parcourse）カンパニー」という会社が、サンフランシスコに設立されている。そして全米にこのパーコースを普及させようと、気宇壮大な理想に燃えているという話がアメリカの体育雑誌に紹介されたことがある。このパーコースは、いうなれば１９４２年頃アメリカで行なわれていた「戦時野外横断競走」と、発想においては相違が見られない。「のど元過ぎれば熱さを忘れる」の喩えがピッタリの話である。

なお、１９７０年代になってわが国で一時期ブームを呼んだフィールド・アスレティックは、わが国で考案されたものだが、その原型はスイスの"Parcours"であったように思われる。

3　静的筋力トレーニング

古代からあったアイソメトリックス

ところで、１９５０年代といえば筋力トレーニングの分野で特筆すべきことがあった。

それはアイソメトリックス（Isometrics）、またはアイソメトリック・トレーニング（Isometric Training）と呼ばれる静的筋力トレーニングの登場である。

西ドイツのE・A・ミューラー（E.A.Muller）とT・ヘッティンガー（T.Hettinger）らの一連の研究で、世界的な注目を浴びたトレーニング法である。

だが、実際にはこれよりもはるかに古く、たとえばカナダのダルハウシー・ユニバーシティの助教授A・J・ヤング・Jr.（Alexander J. Young Jr.）によると、すでに古代ギリシャ時代からこれが行なわれていたという。彼は大要次のように記している。

「古代ギリシャ人の多くは非常に実践的なトレーニング理論をもっていた。彼らはウエイト・トレーニングの効果を十分に知っていたのである。そのトレーニングでは、ウエイトを手に持って行なうタイプの運動や重い袋を使う運動の他に、二人がペアになって行なうアイソメトリックスまでが行なわれていた」

このようにアイソメトリックスは古くから行なわれていたにもかかわらず、なぜかその後、こうしたトレーニングの記述がみられない。

こうして時は過ぎていった。

カエルの実験

確か1920年代のことだったかと思うが、W・シーベルト（Siebert）がカエルを使って実験を行なっている。

片足を板に縛りつけて動けなくしたまま、14日間放置したのである。固定された足は、アイソメトリック・コントラクション（等尺性収縮）を強いられており、他の足はアイソトニック・コントラクション（等張力性収縮）をすることになる。

この結果、なんと固定されている足の重量が、自由な他の足よりも13％も重くなったのだ。こうしてアイソメトリックスの効果が実証されたのである。

だが、これをヒトに対して行なった実験ということになると、時代はさらに下るのである。

T・ヘッティンガーらの研究

Ｔ・ヘッティンガーはＥ・Ａ・ミューラーらとともに１９５０年頃からアイソメトリックスの研究に取り組んだ。現在、わが国でアイソメトリックスを含む筋力トレーニングに関する著書や論文の多くが、このヘッティンガーの資料を使用してる点をみても、彼の業績の大きさのほどを知ることができる。

ヘッティンガーの著した"Physiology Of Strength"には、大要次のように記されている。

1・強度（Intensity）の条件

最大筋力の40〜50％以上を用いたトレーニングをすると、最大筋力を使ったときと同等の筋力の向上をみる。最大筋力の20〜30％でのトレーニングでは、筋力に何ら効果がみられない。また、最大筋力の20％以下のトレーニングでは筋力が低下する。ちょうど病床についた患者の状態がこれに当たる。

以上から、トレーニングで必要なオーバーロードが最大筋力の40％以上であることが分かる。そして日常我々が常用している範囲の筋力が、最大筋力の20〜30％であり、筋力低下を起こす結果を招くアンダーロード（under load）が最大筋力の20％以下であることも判明した。

2・時間的長さ（Duration）の条件

筋肉を収縮させておく時間は、最大保持時間の15〜20％。たとえば最大筋力を疲労困憊するまで出し続けられるのは平均10秒間である。したがって、最大筋力でトレーニングをするときには、1・5～2秒間力むだけでよい。

3・頻度（Frequency）の条件

1日に1回、上記の強度・時間に則ったトレーニングを行なうだけでよい。たとえトレーニングを1日に7回繰り返して行なったとしても、これ以上の効果は得られない。

以上だが、もちろんこれらの条件はアイソメトリックス（静的筋力トレーニング）についてであることは断るまでもない。

B・マーチ選手の実験結果

1953年に、西ドイツのT・ヘッティンガーとE・A・ミューラーが発表したアイソメトリックスの研究結果には、誰しもがその目を見張ったものである。彼らは「1日に1回、最大筋力の3分の2に相当する力を6秒間出し続ける等尺性訓練（アイソメトリックス）をするだけで、筋力が最大の向上を示す」といったからである。しかも彼らはこうしたトレーニングで「毎週5％ずつ筋力の向上が得られる」とも付け加えたのだ。

それまでの筋力トレーニング界では、アイソトニックス（動的筋力トレーニング）が中心であった。

最大筋力に対するパーセンテージで示したトレーニング強度（%）	必要な筋収縮時間（秒）
４０～５０	１５～２０
６０～７０	６～１０
８０～９０	４～６
１００	２～３

表７　静的筋力トレーニングのための強さの条件と時間の条件

しかもこれが長時間重い重量で回数やセット数をこなしていく方法を採っていたので、この簡単なアイソメトリックス（静的筋力トレーニング）は人々に大きなショックを与えた。

このヘッティンガーとミューラーの研究は、最終的には先に記したような強度・頻度で行なうのがよい、ということに落ち着いた。時間については先に「疲労困憊に至るまでの時間の15～20％」となっていたが、その後これが20～30％に改められている。それをヘッティンガーが強度と時間について表にまとめているので、参考までに記しておく（表７）。

この表から、たとえば最大筋力の70％でトレーニングをするときには、６～10秒間静止したまま力むだけでよいことが分かる。

このヘッティンガーらの研究成果は、筋力トレーニングに関心をもつ多くの人たちの興味をひいた。

たとえばアメリカの医師Ｊ・Ｂ・ジーグラー（J.B.Ziegler）と体育学者のＦ・ドルリー（Francis Drury）らもその一人である。彼らは後に１９６４年の東京オリンピック大会ウエイトリフティングの米国代表選手になったＢ・マーチ（Bill March）とＬ・リーク（Louis Liecke）に、このトレーニングを課して実験を試みた。その結果、たとえばマーチ選手は、わずか3ヶ月間のトレーニングで体重が80キログラムから90キログラムに増え、リフティングの記録も785ポンド（約357キログラム）から975ポンド（約443キログラム）へと急上昇した。

仮に、体重の何倍が記録に相当するのか、いわゆる相対筋力といった観点からこの変化をみると、次のようになる。

すなわちアイソメトリックス採用前の

（記録）÷（体重）＝4・46

それが採用3ヶ月目には4・92へと伸びている。

もちろんマーチ選手がアイソメトリックスだけを行なったわけではない。リフティングのフォームの練習も行ないながらのアイソメトリックスの採用だったのだ。

オリンピック・コーチのB・ホッフマン（Bob Hoffman）は、マーチやリークらがウエイトリフティングに必要な運動を5～8種類選んで、それぞれを全力で12秒間ずつ行なった、といっている。つまり毎日、60～90秒間のアイソメトリックスをしたわけである。この他に、週に1回だけウエイトリフティングの練習を行なったのだ。これは常に最高記録または新記録への挑戦といった形で行なったという。最高記録あるいは新記録への挑戦とはいっても、当然軽いバーベルでフォームの練習もする。これがリフティングの実力アップにつながらぬはずがない。

ファンクショナル・アイソメトリックス

ここらで、Ｂ・マーチやＬ・リークらがどのようなトレーニングをしていたかについて、簡単に触れておく。

彼らは静的筋力トレーニング台（アイソメトリック・パワー・ラック）と呼ばれる、２本で対を成す支柱を２組床に深く埋め込んで、動かぬように固定したラックを利用してトレーニングを行なった。対を成す左右の支柱には等間隔に孔が開けられていて、これに丈夫なボルトが挿入できるようになっている。２組の支柱にそれぞれボルトを挿入して固定し、このボルトの下面にあてがったバーを引っ張ったり、押したりすればバーベルを使ってする運動なら、殆どのものを静的に行なうことができる。

Ｂ・マーチは、左右の支柱に挿入された２本のボルトの上に重いバーベルを載せて、これを少し持ち上げたまま静止する方法を採った。たとえば、プレスの場合には、バーベルを額の高さに調節してこれを両手でじっと12秒間静止したまま保持したのである。

これに対してＬ・リークは、左右の支柱に挿入した２本のボルトの下面にバーを当てて、これを両手で押し上げようと12秒間頑張る、いわゆる純粋のアイソメトリックスの方法を採ったという。

彼らが好んで行なった運動は、自身がウエイトリフティング選手だったので、プレス、プル、スクワット、カーフ・レイズ、シュラッグなどであった。特にプレス、プル、スクワットの３種類の運動は、ウエイトリフティングのプレス、スナッチ、ジャークの3種目（現在はプレスが除外されたので2種目となった）の補強トレーニングとして最適である。彼らはこれらをバーの高さをいろいろ変えて行なったのである。

Ｂ・ホッフマンは、こうしたアイソメトリックスをファンクショナル（機能的）アイソメトリックス（Functional Isometrics）と呼んだ。以上はすべて１９６０年頃の話である。

だが、このファンクショナル・アイソメトリックスは後年になって、明確に次のように理解されるようになった。

たとえば、１９６９年に出版されたアメリカのＪ・Ｐ・オーシェ（John Patrick O'Shea）の著書には次のように記されている。

『ファンクショナル・ストレングス（機能的筋力）、つまり、筋力、筋持久力、スピード、そして敏捷性などの諸要素の組み合わさった能力を向上させる筋力トレーニングが、ファンクショナル・アイソメトリックスである』

彼のいうファンクショナル・アイソメトリックスは、静的筋力トレーニング台を使って、次のような方法で行なう。

左右の支柱にそれぞれボルトを挿入して、その上にバーベルを載せる。そして左右2本のボルトよりも約5センチメートル高いところにもう1本ずつボルトを挿入しておく。

トレーニングでは、バーベルを5センチメートル上方に固定されたボルトまで持ち上げて、そのまま3～5秒間静止する。この場合、バーベルを上方のボルトに押し当てたまま上方に押し続けるのがよい。もっとも、中には引っ張り続けるといったほうがよい運動があるかも知れないが…。

この方法は、オーシェによると、すでにアメリカでは1960年頃からウエイトリフティングの選手の間では使われていたそうである。

ソ連も使っている

前にも記したように、アイソメトリックスに関する研究成果が、ヘッティンガーやミューラーの手によって発表されるや、多くの人々がこれに関心を持った。

これを裏付けるかのように、その後、1961年から1968年にかけて、アイソメトリックスの単行本がアメリカでは何種類も出版された。

それらの本の内容は、強度・時間といった点において必ずしも一致をみるわけではない。たとえば1966年に出版したある本の著者F・ケリー（Fred Kelly）は、「最大筋力の3分の2％を6秒間出し続ける」という、いわゆるヘッティンガーの研究成果をそのまま使っている。これに対して、1961年のB・ホッフマンの本では「最大筋力を9～12秒間」といい、B・マーチやL・リークが採った方法に近いものを推奨している。また、1964年に出版し、1968年夏までに6版まで重ねたH・ウィッテンバーグ（Henry Wittenberg）の本では「10秒間」といい、そのやり方を次のように説明している。

「最初4秒間くらいかけて最大筋力にもっていき、そのまま6秒間頑張る」

この方法はなかなか合理的に思われる。というのは、いきなり最大筋力にもっていこうとすると、筋肉や腱を痛めぬとも限らぬからである。

それはともかく、私が先にアメリカのウエイトリフティング選手の例を挙げたので、あるいはアイソメトリックスが世界的に広く普及しているのではないか、と思われたかもしれない。

だが、これは早計である。確かに今日では、知識や常識としては多くの人がアイソメトリックスを理解しているが、まだアイソトニックスほどポピュラーになっているわけではない。

わが国にT・ヘッティンガーが訪れて、アイソメトリックスに関する研究成果を講演したのは1961年秋のことであった。

その翌年、私は西ドイツのミュンヘンで開催された第1回国際ウエイトリフティング・コーチ会議に出席した。

この席上、前記アメリカのB・ホッフマンが、アイソメトリックスについてデモンストレーションを行なった。彼は「アメリカではウエイトリフティングや投てきの選手、そしてカウンシルマン・コーチによって水泳チームまでがアイソメトリックスを取り入れるようになった」と話した。

当時、私も非常にこのトレーニング法に興味があり、自分でも実験していたので、私は同席していたソ連代表のV・V・ミハイロフ（Mikhailov）に聞いてみた。モスクワ大学で生理学を教えている彼は、宇宙飛行士ガガーリンを宇宙に打ち上げたとき、地上で彼の心拍数を調べた人だ、と聞いている。

その彼が次のようにいうのだ。

「体操競技の男子種目のつり輪に十字懸垂がある。この練習でアイソメトリックスを行なうことがある。しかしアイソメトリックスは心肺機能を向上させるトレーニングにはならない。ソ連ではこうした心肺機能に全く効果を上げられないタイプのトレーニングは、その採用を強く止められている」

ところがこれには後日談がある。

それから2年後の1964年東京オリンピック大会の時であった。ウエイトリフティングのバンタム級（56キロ級）で優勝したソ連のA・ワホーニン（Vakhonin）選手がトレーニング中に、次のような方法を採っているのを、私が偶然見たのである。

その1つは、彼が床におかれたバーベルを腹より上まで引き上げる（プル・アップ）練習をしている時のことである。2～3回連続してプル・アップ動作をした彼は、最後の回で2～3秒間腕を曲げてできるだけ高い位置にバーベルをぶら下げたまま静止したのである。

もう1つの運動はスクワットであった。バーベルを首の後で両肩に担いで立ち、彼はしゃがんでは立ち上がる動作を何回か繰り返した。その最後に、彼は両膝を半ば曲げた、いわゆるハーフ・スクワットの姿勢で2～3秒間静止したのである。

私はこれらの事実から、ソ連もアイソメトリックスを採用するようになったのを悟った。そしてそれらの知見を私は翌65年に上梓した『ウエイトリフティング』（ベースボール・マガジン社）の中に書いたのを思い出す。彼は、これらの他にもこのような手法をとり入れた運動を行なっていた。

各種トレーニング方法の組み合わせ

それからずっと時代が下った1975年。アメリカの〝Muscle Builder/Power〟誌の11月号に、非常に興味深い記事が紹介された。

それはソ連のA・P・スロボディアン（A.P.Slobodian）が行なった実験である。

彼は18～23歳の選手を均等に10名ずつ次のようなグループに振り分けて、トレーニングを行なわせ、その効果のほどを比較した。

第1群：ウエイトリフティング競技の通常のトレーニングをする。つまりそのすべてをポジティブ・トレーニングで行なったのである。

第2群：第1群が行なうトレーニングの中の補強運動部分をネガティブ・トレーニングの形で15％、10％をアイソメトリックスで行なう。つまり残り75％部分を、ポジティブ・トレーニングで行なったのである。

第3群：第2群が行なった補強運動のパーセンテージを変え、ネガティブ・トレーニングで30％、そしてアイソメトリックスで20％行なう。つまり残りの50％をポジティブ・トレーニングで行なったのである。

ネガティブ・トレーニングは、ポジティブ・トレーニングで可能な最高記録の80〜１２０％の重量でもって、１〜２回×８〜10セット行なった。ネガティブの過程にかけた時間は、80〜１００％の重量では８〜10秒間、１００〜１２０％の重量では６〜８秒間であった。また、アイソメトリックスは、最大筋力で６秒間ずつ行なった。その結果が（表８）のような成績となって現れたのである。

以上から分かるように、トレーニングがポジティブ・トレーニングだけで行なわれるよりも、他の筋収縮が混在した形の方が効果が大きい。

運動種目	群	向上（ポンド）
スナッチ	1	９・９
	2	１６．５
	3	１４．３
ジャーク	1	１１．５
	2	２２．５
	3	２３．６
２種目の合計	1	２１．５
	2	３９
	3	３８
スクワット	1	１８．７
	2	３４．１
	3	３６．３
立ち幅跳び	1	４（インチ）
	2	６
	3	７

表８　トレーニング法相違による効果

スポーツをはじめ、人間のいろいろな動きが、コンセントリック・コントラクション、エクセントリック・コントラクション、アイソキネティック・コントラクション、そしてアイソメトリック・コントラクションといった各種の筋

	トレーニング前		トレーニング後		体　重	
	平均	SD	平均	SD	平均	SD
実験群	183.18	23.97	218.64	23.39	164.27	19.14
コントロール群	177.69	29.37	198.85	32.35	164.57	19.84

	絶対値での向上	百分比での向上
実験群	35.46	19.4
コントロール群	21.16	11.9

表9　アイソメトリックスの効果

収縮を交えた形で行なわれている以上、これらいろいろな形の筋収縮を採り入れたトレーニングが必要なことはいうまでもない。

なお、１９６３年、G・W・ガードナー（Gardner）は「アイソメトリックスの効果は、そのとき採っている関節角度の付近でしか得られない。たとえば上腕屈筋を鍛えるために、肘を直角に保って行なうときには、90度プラスマイナス20度の範囲内で働く筋肉の力が得られる」という研究発表をしている。したがって、ある運動動作で働く筋肉を強化したいときには、その動作をいくつかのポイントに分け、それぞれのポイントについてのアイソメトリックスを行なう必要がある。たとえば静的筋力トレーニング台でプレスのトレーニングをするときには、バーを肩の高さ、鼻の高さ、頭の高さ、頭より10センチメートルくらい高いところに固定して行なうようにである。

効果があったアイソメトリックス

"Research Quarterly For Exercise & Sports"誌の１９８５年９月号（Vol.56,No. 3）に、ノース・テキサス州立大学のＡ・ジャクソン（Allen

Jackson）らが行なった研究が載っている。

彼らは、ベンチ・プレスで1RM（1回持ち上げられる最大重量）を予めテストして、この時、スティッキング・ポイントの位置をも調べた。33名の実験群は、6～8回×3セット行なうベンチ・プレスに加えて、バーの高さをスティッキング・ポイントに調節の上、動かぬように固定して、バーを両手で押すこと6秒間×6回のアイソメトリックスを行なわせた。この6回のアイソメトリックスは、2回か3回を1セットとして行なったので、合計すると3～2セットということになる。セット間の休息に30秒間採った。これに対して26名のコントロール群には、ただ6～8回×3セットのベンチ・プレスだけを行なわせた。いずれの群にも、隔日的に週3回のトレーニングを10週間実施させた。

その結果は（表9）にみられるとおり、実験群の方が大幅な向上を見せたのである。これが、先に上げたソ連のA・P・スロボディアンの実験を支持するものであることが分かるだろう。

そしてもう1つ、1992年3月、私が中国北京体育大学校（現在は大学）を訪れた時のことである。今は亡き旧ロシヤのウエイトリフティングコーチ、A・C・メドベデフ（A.C.Medvedev）と1964年の東京オリンピック大会以来、久し振りに会った。彼は中国のウエイトリフティング指導者にトレーニング指導をするために来ていたのである。その彼が選手にこのダイナミック・アイソメトリックス（Dynamic Isometrics）を盛んに行なわせていた。それは次のような形のものである。

床から真上に高くバーベルを引き上げるプル・アップやスナッチ、クリーンの動作を行なうとき、まず両手でもったバーベルを床から膝辺りまで持ち上げて、そこでちょっと（1秒くらい）静止し、それから後半の動作を行なうのである。メドベデフは、これを1RMの90％くらいの重量で行なわせるといっていた。

なお、申し遅れたが、ダイナミック・アイソメトリックスという言葉は、マイケル・イエシス（Michael Yessis）が、その著"Secrets Of Soviet Sports Fitness And Training"の中で使った言葉である。

第5章　ウエイト・トレーニングの定着期

１　１９６０年代のトレーニング

超回復の原則

ウエイト・トレーニングでは、トレーニング法自体もさることながら、その後で採る休養が大切な役割を果たす。トレーニング効果がこの休養中に得られるからである。

１９６１年に出版されたソ連のH・Hヤコフレフ（Яковлев）、A・Bコロブコフ（коробков）、C・Bヤナニス（Янанис）共著の『ソ連スポーツ・トレーニングの理論と方法』には、「超過回復（Super Compensation）の原則」と名付けてこれを説明している。これは「消耗が強ければ強いほど顕著となる」というものである。（図2）はその本の32ページに掲げられたものをそっくりそのまま転載させていただいた。

また、同じページに掲載されている（表10）もここに挙げさせていただく。この表から、5時間水泳を実施した後の筋肉の新陳代謝時に生ずるフォスファクレアチンの消長がよく分かる。前に挙げた超過回復の図と照合してみると、さらにその辺りの関係を浮き彫りにすることができるだろう。

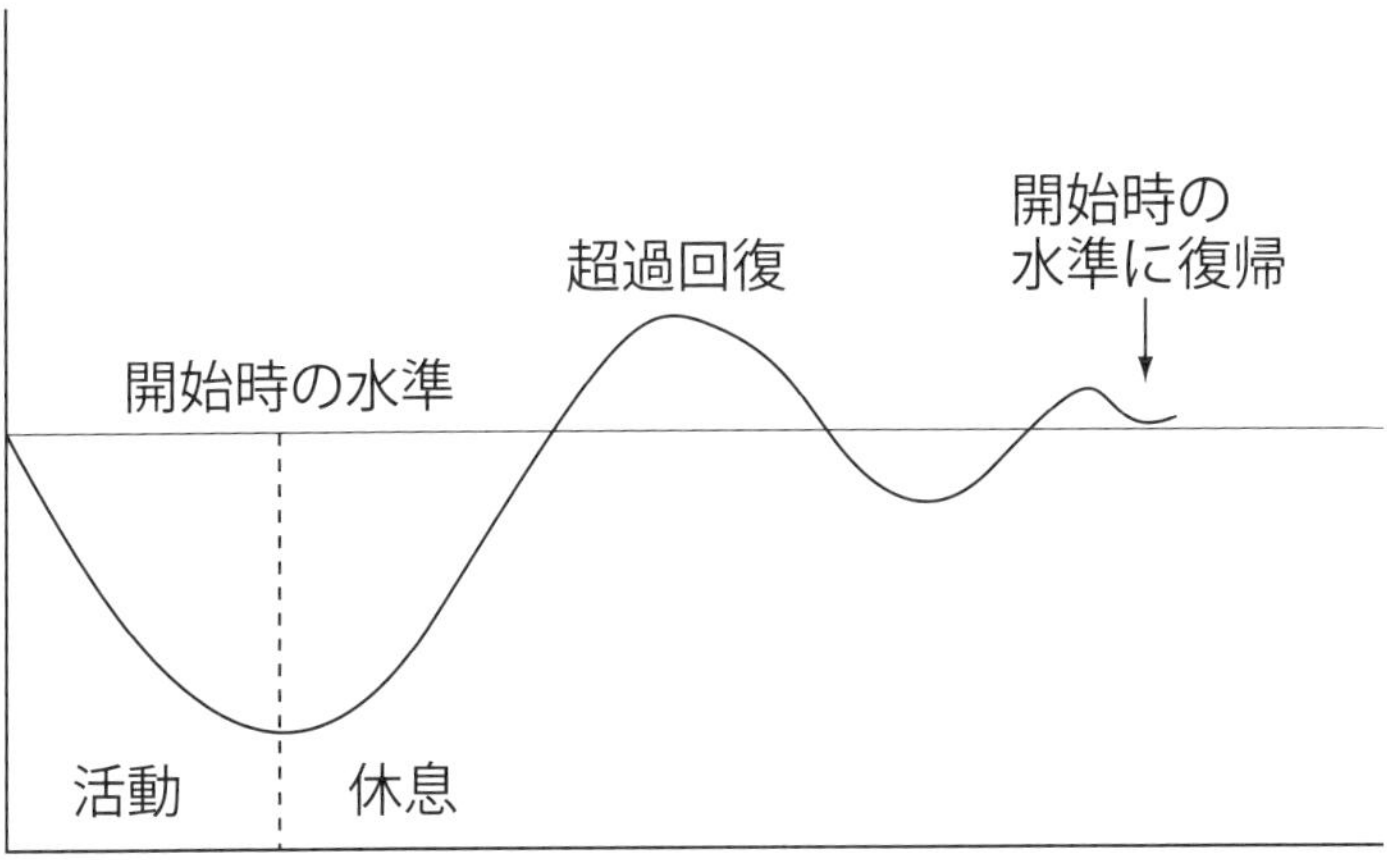

図２．筋肉活動時の消耗回復両作用の相互関係（ヤコフレフら、1961）

超過回復は、超回復とも呼ばれている。

　このような超回復は、トレーニングの結果、疲労が起こり、この後で休養を採っている間に予備のエネルギーを蓄えて、トレーニング前よりも体力的に若干高まった水準に回復する現象のことをいう。

　同書では１９５１年にＨ・Ｋポッポワーヤ（Попова）が発表した、次のような研究結果も紹介している。

「筋肉の運動時とその運動後の休息時の初期においては、激しい筋肉たんぱくの形成（これがひいては筋肉量の増大をもたらす）が行なわれる。その他にも多くの生化学的な変化が筋肉内で発生する。その生化学的な諸変化の中の大部分のものは、１回のみの活動の後では見いだすことができないが、相当長期間の組織的なトレーニングの後では、明らかに出現するものである」（34ページ）

　つまり組織的トレーニングを積んでいくときには、トレーニング後の休養時に筋肥大も起こることを示唆しているのである。

表10. 運動後の休息時における筋肉内のフォスファクレアチン容量の超回復（mg%）

水泳5時間実施直後	休息1時間後	休息5時間後	休息24時間後
−28．2	−4．3	−4．8	−0．5

この超回復は、同書によるとウェイゲルト（Вейгерт）が初めてこれを明らかにして、1890年にи・п・パブロフ（Павлов）たちによってそれがさらに解明されていったというから、今から100年以上も昔にすでに知られていたものである。

1930年代に、B・ホッフマンが「ヘビー・アンド・ライト・システム」を提唱したが、思想的には超回復の原則と一致するところがある。ただホッフマンがこの超回復の原則を熟知していたのかどうかは疑わしいが、たとえ体験的ではあってもこのようなシステムを見出したことは素晴らしいといえる。

小野三嗣トレーニング・ドクターの実験

私が初めて講義の中でこの超回復の原則を聴いたのは、1962年の夏のことであった。それは西ドイツのミュンヘンにおけるウエイトリフティングの第1回国際コーチ会議の席上であった。ソ連のモスクワ大学の生理学者V・V・ミハイロフがこれについて詳述したのである。

彼は、当時における世界的なウエイトリフティング選手たちの個々の超回復の状態を調査し、それに合わせたトレーニング処方の重要性を力説した。事前にH・

Ｈ・ヤコフレフらの著書を読み、超回復に興味を抱いていた私は早速、日本ウエイトリフティング協会小野三嗣トレーニング・ドクターに、この超回復について調べてくれるよう依頼した。

私が３ヶ月間のヨーロッパ旅行をして帰国したら、その実験成果が私を待ち受けていた。

彼は、慈恵医大の学生たちに毎日９秒間ずつ最大筋力で背筋力計を牽引させた。その結果、確か２週間連続して牽引トレーニングをした後で１週間休養をとったときに背筋力が増すことを突き止めたのである。これが超回復の現象であることはいうまでもない。

だが、ウェイト・トレーニングで超回復という言葉を使って、これの重要性をうんぬんし出したのは、それよりもずっと後年になってからのことである。

酸素欠乏状態と筋肥大

小野は１９６４年に筆者（窪田）と共著した『体力原論および方法論』（稲門堂書店）の31ページに、アイソメトリックスで筋収縮中「筋中の血流が阻害されて、筋線維が酸素欠乏状態になっているが、それは引き続く血流回復という機転と相俟って、筋線維が非常に肥大せしめられるということが分かっている」と述べている。

１９６０年頃から日本体育協会主催の東京オリンピック選手強化対策本部の全国講習会で、あるいは１９６６年頃からの日本体育施設協会トレーニング指導士養成講座で、彼の講義を受けた受講生たちが、当時腕を紐でしばって力む動作をしている姿を思い出して懐かしい。

ザ・タイム・プラス・パウンデッジ・システム

ところで、1963年にイギリスのA・マーレイ（Al Murray）が書いた"Modern Weight Training"には、「ザ・タイム・プラス・パウンデッジ・システム（The Time Plus-Poundage System）という一風変わった方法が紹介されている。

これは1回、1回の動作のスピードを若干速くして、しかもセットとセットの間の休み時間を短くした形で行なうトレーニングのことである。一般に採っている方法が、一定のウエイトを用いて、ゆっくりしたスピードで動作を行なうのに対して、このザ・タイム・プラス・パウンデッジ・システムは、当時としてはかなり異色なものであった。

しかしよく考えてみると、ボディビルダーたちがコンテストで、自分の出番を待っているときに行なう準備運動的なトレーニングがまさにこれである。こうするとパンプ・アップ、つまり身体部位を充血させて膨らますのが早い。たいていのボディビルダーは、ステージの上でポーズをとるときに、少しでも身体各部（ただしウエストや足首のような部位は別）を太く見せたいという欲求を持っている。したがって、早くパンプ・アップした状態が得られるということは、満足もひとしおということになる。

このシステムは、今日でも主としてボディビルダーの間でよく採られるものの一つである。また、トレーニングに長い時間を割けない多忙な人のトレーニング法の一つにもなっている。因に私も1980年代は、このパターンのトレーニング法を多用した。

A・マーレイは、「筋の太さや体力を強化するためには、この方法は非常に有効である。しかし軽い目方のウエイトでハイ・レピティション（高回数）を行なうような時には、パワーの伸びがあまり得られない。また経験を通していうならば、このタイプのトレーニングで得た効果は、長期間にわたって維持できないようである」といっていることを付け加えておこう。

A・マーレイ。『Modern Weight Training』の著者

ダブル・スプリット・ルーティーン

ところで、前に私は、1950年後半になってL・ラベールが紹介しているスプリット・ルーティーン（分割法）について記した。これは全身を、たとえば上体と下体という具合に2つの部分に分けて、それぞれのトレーニング・コースを作成し、これをトレーニング日ごとに交互

に使っていく方法を採る。

これが1960年代に入ると、1日にたとえば朝と夜の2回にわたってトレーニングする練習者が沢山現れた。そこで「ダブル・スプリット・ルーティーン（Double Split Routine）」という方法が採られるようになり、これがその後、多用されることとなった。たとえば上体のトレーニング・コースとして、そこに沢山の運動種目やセット数を用意した場合、まとめてそれだけの運動量をこなすと疲労が大きくなり過ぎる。だが、そのコースを2分して、朝前半を行なったら、夜残りの後半を行なえばトレーニングも楽になるし、効果も大きくなると考えられる。

"The Production Of Muscular Bulk"の著者M・J・サルバティ（Michael J. Salvati）は、この方法の優れた点として次の4つを挙げている。

1　作動筋における血行の促進状態が半身だけに起こる。これは全身にわたって一度にトレーニングしてしまう方法よりも、発達に必要な血中の栄養を効率よく使えることになる。

2　時間的に長過ぎるトレーニングによって生じる疲労の度合いが軽減される。

3　一度に3時間のトレーニングはできなくとも、これを2分すればそれが容易になる。

4　週3回より週6回のトレーニングの方が、筋肉の発達のためにさらに効果的である。

スーパー・スピード・レピティションズ・プリンシプル

１９６４年12月号の〝Muscle Builder〟には、この雑誌の発行者Ｊ・ウィーダーの研究所が「スーパー・スピード・レピティションズ・プリンシプル（Super Speed Repetitions Principle）という方法を紹介している。これは次のように行なう。

「45キログラムのバーベルを今８回連続して持ち上げられるとする。しかしこの８回がスティッキング・ポイント、つまり記録の向上が止まってしまった状態になっていると仮定しよう。これを破る方法として考え出されたものである。一般にはスティッキング・ポイントになるとレイ・オフ（長期休養）を採るようだが、別にオーバートレーニングで伸び悩み状態になっているのでなければ、むしろトレーニングをした方がよい。この場合、45キログラムで８回繰り返すのに要する時間をまず測る。これが20秒かかったとしよう。トレーニングの結果、これを15秒、あるいは12秒…、とより短い時間でできるようになったとしたら、それは即パワー向上につながったことになる。スーパー・スピード・レピティションズ・プリンシプルは、このように同一重量を同一回数持ち上げるのに要する時間を短くしていくトレーニング法である」

同研究所の実験では、この８回の繰り返しに要する時間を短縮できたら、スティッキング・ポイントを破り得ることになるのである。これは１９５７年にＤ・ウェブスターが開発したベロシティ・トレーニングに類似しているといえる。しかし、その後１９６０年代初めに登場した北欧でポピュラーになったパワー・トレーニングそのものでもある。

ザ・ブリッツ・システム

M・J・サルバティは、前記の"The Production Of Muscular Bulk"という本の中に「ザ・ブリッツ・システム(The Blitz System)」と「ザ・ロス・システム(The Ross System)」を紹介している。

"Blitz"とは「電撃的襲撃」という意味である。このトレーニング法を採るときには、体のごく一部位だけに限って、そこを集中的に5〜11時間トレーニングをする。一般によく行なわれるのが腕である。トレーニングは30分おきに、鍛えようとしている筋肉や筋群を数分間使うことによって行なわれる。

比較的軽めの負荷をかけてトレーニングをしてその部位をパンプ・アップさせる。ただし筋肉が疲れ切ってしまうほど行なってはならない。

このザ・ブリッツ・システムでその日のうちに上腕囲が1・3〜2・9センチメートルも増大したという話がよく聞かれる、とサルバティはいう。しかしそれが本当に筋肥大の結果なのかどうか、は疑わしい。あるいはパンプ・アップした状態が続いているのではないか、とも考えられる。この場合のパンプ・アップ状態には、あるいは疲労物質の蓄積があずかって力があるのかもしれない。

ザ・ロス・システム

次に、ザ・ロス・システムだが、これはウエイト・トレーニング研究家のアメリカ人、C・ロス（Charles Ross）が、筋肥大を目的として考え出した方法である。すでに１９５０年代の初期にロスが編み出していたトレーニング法だったという。

１RMと、練習者が普段セットを組んでトレーニングをしている重量との中間くらいの、いわゆるやや重めのウエイトを使って行なう。

そのやり方は、その運動動作で最も力を要するポジションまでウエイトを持ち上げて（下ろして）、そこで5秒間静止する。このとき最大筋力で行なわざるを得ないくらいの抵抗の強さであることが望ましい。５秒間の静止を終えたら、ウエイトをラック（掛け台）に置いて深呼吸を5回する。この後上のような繰り返しを約10回行うのである。

以上をもっと具体的に説明するならば、次のようになる。

ベンチ・プレスを例にとる。バーベルをラックからはずして静かに下ろしていき、支えるのが最も厳しいポジションまで来たら、そこで5～6秒間静止して、それからバーベルを押し上げてラックの上に戻す。その後5～6回深呼吸をして休んだら、再び前の動作を繰り返す。これを10回くらい繰り返すのである。

サルバティは、このようなやり方で、１日に午前10時頃、午後の2時頃と5時頃の3回トレーニングをすると効果抜群である、といっている。１日に数回トレーニングをするので、当然運動種目数も制限される。

サルバティが推奨するトレーニング法を次に2例挙げておく。

第1例

月曜日：カールを午前10時、午後2時、5時の3回行う。

水曜日：ベンチ・プレスをカールと同様な方法で行なう

金曜日：スクワットをカールと同様な方法で行なう

第2例

月・金曜日：ベンチ・プレスとロウイング・モーションを午前11時、午後1時、3時、5時、7時に行なう。

火・土曜日：スクワットをベンチ・プレスとロウイング・モーションと同じ形で行なう

シークエンス・トレーニング

1960年には右に挙げた他に、次の2つのトレーニング法が発表されている。

その一つは、1966年度ミスター・アメリカのB・ガイダ（Bob Gajida）が運動生理学者A・スタインハウス（Arthur Steinhaus）のアドバイスを得て創案した、シークエンス・トレーニング（Sequence Training）という方法である。別名をP・H・Aシステム、またサイクル・トレーニング

（Cycle Training）ともいう。

５～６種類の運動でコースを作る。こうしたコースを２つ以上用意する。各コースはサーキット・トレーニングの要領で１の運動から最後の運動まで１セットずつ休みなく進めていき、コースを一巡したら再び運動１にもどってコースを２循環、３循環…と繰り返していく。その循環数は、練習者の体力に応じて決めればよい。次のコースに移るときには、適当な休息をとる。

サーキット・トレーニングとは違って、時間の短縮を図るとか、反復回数を可能な最高回数の50％にするといったような細かい決め方は別にしていない。

休みなく運動をしていくので、筋力のみならず全身持久性の養成にも資するところがあるトレーニング法である。

なお、Ｐ・Ｈ・Ａシステムともいうが、Ｐ・Ｈ・Ａとは、Peripheral Heart Action の頭文字をとったもの、つまり末梢心臓作用を利用したトレーニングという意味である。サーキット・トレーニングのように休みなく次々と変った運動に移っていくこのシークエンス・トレーニングでは、筋肉が収縮・弛緩を繰り返して全身の血行をよくしてくれるところから、このような名称がつけられたのである。

エアロビック・ウエイト・トレーニング

１９６９年頃には、さらにエアロビック・ウエイト・トレーニング（Aerobic Weight Training）

が開発されている。サーキット・ウエイト・トレーニング（Circuit Weight Training）ともいう。K・H・クーパー（Kenneth H. Cooper）が、１９６８年に発表した『エアロビックス』を基礎に置いて、Ｊ・Ｐ・オーシェが創作したものである。

これは原則としてウエイト・トレーニングで行なう運動を８種類以上選び、サーキット・トレーニングと同様に、２つ続けて同じ筋肉を使う運動を配列しない形でそれらの運動を配置する。トレーニングは各運動を45秒間に15〜20回繰り返しては、１分間休む形で進めていく。１分間休んだら、また次の運動に移って45秒間運動をする、これの繰り返しである。

初心者はコースを1循環するだけでもよいが、慣れたら2循環、３循環、…という具合に循環数を増やしていく。また体力が向上していくにつれて、休息時間を短くしていってもよい。もちろん45秒間に20回反復でき出したら、使用重量を高めて15回から再び20回を目指してトレーニングを続けていく。

このエアロビック・ウエイト・トレーニングは、１９８０年代初期になって、K・H・クーパーが、スーパー・サーキット・ウエイト・トレーニング（Super Circuit Weight Training）を開発したことで、その頃から改めて見直され始めたようである。

プライオメトリックスの登場

また、１９６０年代中期になって、プライオメトリックス（Plyometrics）と呼ばれるパワー増強のトレーニング法が、スポーツ選手を対象にして登場した。ソ連やヨーロッパ諸国の陸上競技界で採り上げられたのが始まりだといわれている。その直接的な影響を与えたのは、ソ連のコーチ、Ｙ・ペロシャンスキー（Yuri Veroshanski）だったそうである。

プライオメトリック（Plyometric）の"Plyo"は「もっと」とか「一層」、"metric"は「長さ」の意味である。つまり「筋肉をもっと引き伸ばした状態」をいう。たとえば高所から跳び降りた瞬間、大腿四頭筋や下腿三頭筋に非常に強い負荷がかかり、膝を曲げてこれらの筋肉が一時的に伸張性（伸展性、エクセントリックな）収縮をする。この伸展性収縮をしたときに、多くの筋線維が動員されることになる。したがって、引き続いて跳び上がるのだったら、これが強い次のジャンプへの起爆力になるのはいうまでもない。

プライオメトリックスは、この極めて短時間の伸張性収縮をしたときに生じるパワーを利用したトレーニングである。

ジャンプ力を養成するには、たとえば高所から跳び降りて引き続き直ちに跳び上がる動作を繰り返す。脚パワーがつけば、跳び降りる高さを徐々に高めていくとよい。だが、高ければ高い程効果があるものでもない。気持ちよく、また力強くジャンプしていける程度であることが肝要である。

ゴルフの飛距離を伸ばすためのプライオメトリックスなら、やや重めのクラブを持ってトップ・スイングの位置まで弾みをつけてもっていく。右利きの選手ならこのとき、左腕の上腕三頭筋が伸張性収縮をして、上腕三頭筋に強い負荷がかかるので、この筋肉の筋線維がより多く動員されることになる。したがって、クラブを振り下ろす時、左上腕三頭筋のパワーがより強力になる。

このプライオメトリックスは工夫次第で、いろいろなスポーツの補強トレーニングとして、今日では広く採用され出した。

バーンズ

また、1960年代には、アメリカのボディビルディング界で活躍したL・スコット(Larry Scott)が、バーンズ（Burns）というトレーニング法をポピュラーにした。

これはもうこれ以上はフル・レインジでの動作の繰り返しができないというところまで挙上動作を繰り返した後、そこで止めることなく、引き続いてパーシャル・レインジ・ムーブメント（可動域のごく一部の範囲だけの挙上動作）か、ハーフ・レインジ・ムーブメント（可動域の半ばまでの範囲で行なう挙上動作）を素早く、しかも力強く何回か繰り返すやり方である。たとえばベンチ・プレスで100キログラムを10回持ち上げて、それが限界だったとしたら、引き続き、伸ばした肘をわずか曲げたり伸ばす動作を速めに何回か繰り返すのである。こうすると主働筋に焼き付くような感じ（バーニング・センセーション、burning sensation）がする。これが筋肥大を促進する刺激になる、という考え方である。

マッスル・プライオリティ

トレーニング・プログラムの作り方にはいろいろな方法がある。マッスル・プライオリティ（Muscle Priority）は「筋肉優先法」と呼ばれるもので、プログラムを作成するとき、そのとき最も発達強化を要する身体部位を鍛えられる運動からトレーニングに入れるように組む方法である。

2　1970年代のトレーニング

コントラスト・メソッド

東欧圏のスポーツ選手がパワー強化のために使ったトレーニングにコントラスト・メソッド（Contrast Method）がある。ベンチ・プレスを例にとれば、次のように行なう。ある重量のバーベルを途中まで押し上げたところで、パートナーがバーの中央部を上から手で押さえて動けなくする。頃合いをはかって押さえていた手を離す。バーが急に軽くなったと感ぜられるので爆発的な勢いでプレスしていくことができる。この方法は、重いバーベルで数回押し上げてその後引き続きバーの目方を軽くしてスピーディーにさらに押し上げ動作を繰り返してもよい。

アイソキネティックスの登場

1972年の第20回ミュンヘン・オリンピック水泳競技で、7つの金メダルと7つの世界記録で全世界から注目を浴びたのは、アメリカのM・スピッツ(Mark Spitz)であった。彼がアイソキネティッ

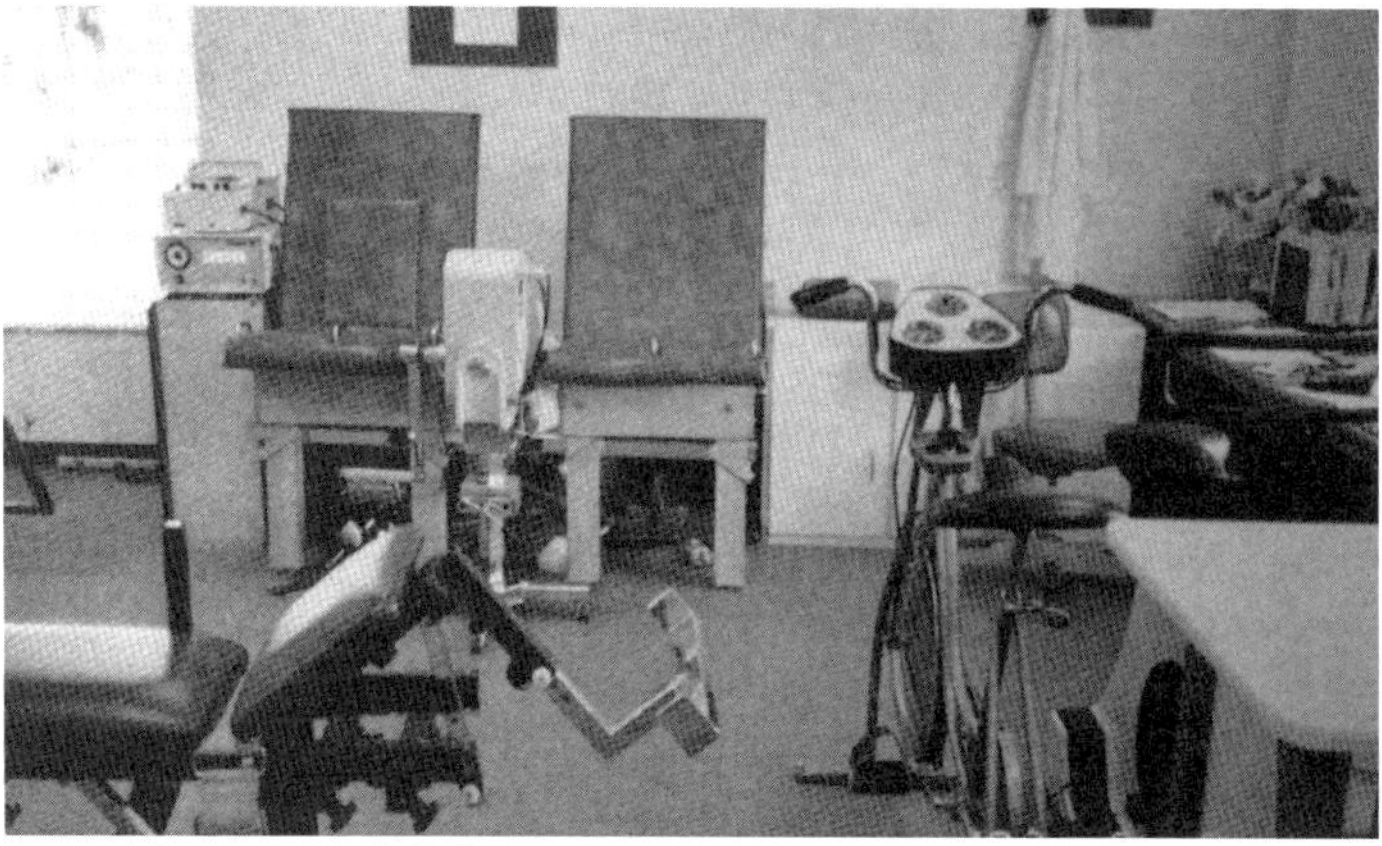
アイソキネティックスを実践できるサイベックス・マシーンの応用範囲は広い

クス（Isokinetics、アイソカイネティックスともいう）を実践したことを知って、このトレーニングは一躍、筋力トレーニング採用者たちの関心を呼ぶことになった。かくて、ミニジム（Mini Gym）やアポロ・エクササイザー（Apollo Exerciser）といったアイソキネティックス専門と称する器具が人目を引くことになった。

だが、アイソキネティックスが登場したのは、なにもこのミュンヘン・オリンピック大会のときが初めてだったわけではない。

これは１９６５年頃、アメリカのニューヨークでサイバネティックスの専門家と整形外科医の両者が共同して開発したサイベックス・マシーン（Cybex Machine）に端を発した、といってよい。

バーベルのようなウエイトを使ったトレーニングでは、固定された目方のウエイトを使用するので、練習者にとっては動作中のある関節角度ではそのウエイトが適切な負荷になるが、その他の関節角度では負荷が弱すぎる可能性がある。

そこで、どの関節角度においても、そのとき出せる最大筋力を発揮できるように抵抗（Resistance）を調節（Accommodate）できる仕組みの器具が必要となった。こうして開発されたのがサイベックス・マシーンである。これによるトレーニングをアイソキネティックスという。"Iso"が「等しい」、"Kinetic"が「モーション、動き」だから、等しい動き、つまり等速性の運動ということになる。等速にするには「抵抗を調節」しなくてはならないから、別名を「アコモデイティング・レジスタンス・エクササイズ（Accommodating Resistance Exercise）ともいう。1967年頃になってJ・J・パーリン（J.J.Perrine）とH・J・ハイスロップ（H.J.Hislop）によって、このトレーニングの概念が明らかにされ、それが縁で前述したスピッツを生み出すことになった、ともいえるかも知れない。

プレ・イグゾースト・トレーニング

1970年代に入ると、プレ・イグゾースト・トレーニング（Pre-Exhaust Training）法が、ポピュラーになっていった。"Pre"は「事前に」、"Exhaust"は「疲れ果てさせる」の意。たとえば大胸筋はベンチ・プレスでも発達させることができる。ベンチ・プレスで鍛えられるのはこの他に上腕三頭筋、三角筋の前面である。ところが、これらの筋肉の中でも大胸筋は非常に強い。したがってベンチ・プレスだけでは、上腕三頭筋と三角筋を疲労させ得ても、大胸筋までもフルに動員することができない。そこで事前に、大胸筋を疲労させてからベンチ・プレスに移れば大胸筋の発達がよりよくなる、というわけだ。たとえば先に大胸筋専用のベント・アーム・ラタラル・レイズ（フライ）を何セットかやったあとでベンチ・プレスに移ればよい。

同様に三角筋を鍛えるにはプレスがよいが、この運動は三角筋の他に上腕三頭筋、前鋸筋のトレーニングにもなる。しかし、三角筋は強大なのでプレスだけではさして三角筋に効かない場合がある。そこで先にサイド・レイズで三角筋を疲れさせておいて、それからプレスに移るのである。

カールのような単関節的な動きの場合は問題ないが、多関節的な運動の場合には、その運動でいくつかの筋群が働く。そのとき弱小の筋肉は疲労してしまうが、強大な筋肉はさして疲れていない。そこで強大な筋肉をそれを鍛えられる専門的な運動で先に疲れさせて、その後で強大な筋肉の運動に移るというわけである。

インスティンクティブ・トレーニング

１９７０年代にはインスティンクティブ・トレーニング（Instinctive Training）が流行した。これは、予かじめその日のトレーニング・コースが決まっていても、練習者の本能的な（Instinctive）勘で、その日のトレーニング内容に変更を加えながらトレーニングをしていく方法をいう。運動種目や使用重量、セット数、あるいはトレーニングのシステム（方法）などを変えて行なうのである。ただし、これは十分に経験を積んだボディビルダーの間でよく採られるトレーニング方法である。

コンティニュアス・テンション

同じく1970年代には、コンティニュアス・テンション（Continuous Tension）という方法が注目された。アメリカのトップ・ボディビルダーのR・ロビンソン(Robby Robinson)が「70ポンドのバーベルでも、それが150ポンドであるかのように使う」といって、軽めのウエイトをゆっくりと持ち上げては下ろす方法をポピュラーにした。反動をつけないので、筋肉を意識して強く働かせることができる。緊張持続法といってもよいだろう。筋緊張を維持していくので、フル・レインジ・ムーブメントではなく、筋肉をやや短縮させた状態から動作を開始して、完全に伸展させるやや手前まで動作を繰り返してもよい。ベンチ・プレスなら、バーベルを胸の2〜3センチメートル上から両手で押し上げていき、完全に肘を伸ばすことなくそこから下ろしてくる方法をとる。

ノーチラス・マシーンの登場

アメリカには1980年代までに沢山のトレーニング施設ができているが、それらの多くがノーチラス・マシーンを備えている。A・ジョーンズ（Arthur Jones）は、これの第1号器をすでに

１９４８年に作っているが、これを商品化し、これに人気が集まりだしたのは１９７０年頃からである。

特殊なカム（cam）を使って負荷を変動できるように工夫されたノーチラス・マシーンは、これが発売されるや、後述するようにそれまでのトレーニング法とは大きく異なった形をとったので、大いに注目されることになった。

ストリクト・スタイルで、フル・レインジ・ムーブメントができるように設計されたこのマシーンのトレーニング指導をしているノーチラス・スポーツ・メディカル・インダストリーズの研究主任Ｅ・ダーデン(Ellington Darden)は、これを使ったトレーニングについて大要次のように記している。

E．ダーテン著『The Nautilus Advanced Bodybuilding Book』の表紙

「まず、大筋群を強化できる運動を選んでコースを作り、それらをフル・レインジ・ムーブメント（関節の可動範囲全域にわたっての動作）で行なう。正確に、ゆっくりと行なう。急激な動作は絶対に避ける。ポジティブ・トレーニングの場面に２秒、ネガティブ・トレーニングの場面に４

秒かけて1回の動作を6秒で終えることを条件に、1セット当り8～12回反復する。どの運動も1セット行なうだけでよい。ただし、そのとき、可能な限界まで繰り返すこと。そして可能なときには、いつでも反復回数を高めたり、使用重量を増やしていく。トレーニングは大きな筋肉を鍛える運動から次第に小さな筋肉を鍛える運動へと移る形で進めていく。1回のトレーニングで12種類以上の運動は行なわない。トレーニングは週3回実施するだけでよい」

このノーチラス・マシーンによるダーデンの1セット・トレーニング法は、それまでセット法を中心としてきた練習者に大きなショックを与えた。当時、アメリカの筋力トレーニング専門誌で、これに関する論争が頻繁に行なわれたことを思い出す。

ダーデンは、ノーチラス・マシーンを使用するときには、各運動を1セットずつやるだけでよいが、バーベルやダンベルを用いるときには2セットずつやるように、とアドバイスをしている。

また彼は「プレ・ストレッチング（Pre-Stretching）という方法を提唱している。"Pre"は「事前の」"Stretching"は「伸展すること」という意味。つまり、挙上動作を開始する前に主働筋をストレッチさせることをいう。こうすると、動作開始時により多くの筋線維を動員することができる。これがより重いウエイトの使用を可能にするので筋力を高め、筋肥大を促す原動力にもなるというのである。これをどのようにやればよいのか。ラット・マシーン・プルダウンを例にとって具体的に説明してみる。

『まず、両手でバーを胸まで引き下ろしたら、コントロールしながらゆっくりと元の位置までバーを戻していく。バーが元の位置までにあと数センチメートルというところまで戻されたときに、急に動きを速めて完全に広背筋や上腕二頭筋が伸展された状態にもっていく。そしてただちにバーを急速に数センチメートル引っ張ったら、その後はゆっくりと胸までこれを引き下ろす動作を続けていくのである』

つまり、動作の開始時と終了時のわずかの距離だけ動作を速く行ない、その後はゆっくりとした動作に切り換える、という方法なのである。

このプレ・ストレッチングは、もちろん他の運動種目においても採用することができる。もうすでに気づかれたかと思うが、先に紹介した一種のプライオメトリックスである。

レスト・ポーズ・トレーニング

１９７０年代にはアメリカのボディビルダー、マイク・メンツァー（Mike Mentzer）がレスト・ポーズ・トレーニング（Rest-Pause Training）を流行させた。それはたとえば5～6回しか繰り返して持ち上げられないウエイトを使って、まず３回持ち上げたら、その後で約15秒間休み、また２～３回繰り返す。そして、15秒間程休んだら2～３回繰り返す。こうして1～2回できるところまで行って、１セット終了と数える方式である。非常にきついトレーニングなので、１セットだけで十分だとされている。筋力・筋肥大のために優れたトレーニングだが、経験者にのみ推奨できる。

レスト・ポーズ・トレーニングを流行させたアメリカのボディビルダー、マイク・メンツァー

なお、これに類似した方法として、アイ・ゴー・ユー・ゴー（I go/You go）という方法もこの時代から使われるようになった。カールやアップライト・ロウイングのような運動に限られる。2人がペアになって、一人が1セット終えたら、バーベルをパートナーに手渡し、手渡された彼が1セット行なう。これをもうこれ以上は不可能というところまで連続して行なうのである。これは後述するザ・ショッキング・プリンシプルにも合致したトレーニング法の一つともなるだろう。

ザ・ショッキング・プリンシプル

１９７０年代に世界のボディビルディング界に君臨したオーストリア出身のビルダー、現在はカリフォルニア州知事という異色な経歴を持つアーノルド・シュワルツェネガー（Arnold Schwarzenegger）が多用した方法である。ザ・ショッキング・プリンシプル（The Shocking Principle）という名称からも想像できるように、筋肉にショックを与える方法である。筋肉は与えら

A・シュワルツェネガー。映画俳優としても人気が高い。現在カリフォルニア州知事

れた運動に適応しやすい。したがって、ときどき、運動種目や使用重量、セット当りの回数、セット数、セット間の休息時間などのトレーニングの変数（Variables）を変化させて、筋にショックを与え、筋の発達を促進させようとするものである。

ランニング・ザ・ラック

ラックの上に重い目方から軽い目方へと置かれているダンベルを使ってのトレーニング法である。一例としてカールを上げてみる。まず重いダンベルで可能なところまでカール動作を続けたら、次にそれより軽いダンベルへと移る。こうして休みをとらずに次々と移っていくので、まるでラックに沿って走っているように見えるところから、このような名称がついた。ボディビルディングでパンプ・アップをはかるのによい方法である。

グラデュエイテッド・パワー・トレーニング

グラデュエイテッド・パワー・トレーニング（Graduated Power Training）は、パワーリフティングのデッドリフト強化の方法として誕生した。厚さが3～5センチメートルの木の板を左右に同一枚数ずつ積み重ねて、その上にデッドリフトの1RMかそれよりもやや重いバーベルを置く。初めは高い位置からデッドリフトを1～3回ずつ持ち上げるトレーニングから開始する。楽に動作ができ出したら板を1枚ずつはずしていき、終いには床からバーベルを持ち上げられるようにする。スクワットならアイソメトリック・パワー・ラックを利用すればよい。

３　１９８０年代以降のトレーニング

スーパー・サーキット・ウエイト・トレーニングの登場

ところで、先に私はエアロビック・ウエイト・トレーニング、つまりサーキット・ウエイト・トレーニングについて記した。

これはオレゴン州立大学のＪ・Ｐ・オーシェが創作したトレーニング法である。

初め、これは45秒間実働しては、１分間以内の休息を挿む形で行なわれていた。しかし、いつの頃からか、サーキット・ウエイト・トレーニングは次のようなやり方へと変っていったようである。

「10種類くらいの運動で構成したコースで、どの運動も１ＲＭ（１回持ち上げられる最大重量）の40％くらいの抵抗負荷でもって30秒間に12～15回の繰り返し動作を行なう。この後で30秒間の休息をはさんだら次の運動へと移っていく」

なぜこのような形になっていったのか、私はその理由は知らない。

だが、単純に考えてみると、実働時間と休息時間を30秒間ずつに区切った方がトレーニングを進めやすいからだったなのかも知れない。この方法は、マルチ・ステーション・マシーンを使って多くの練習者が一度にトレーニングをしていくときに便利である。つまり、1つのステーションに2人ずつ練習者を配して、一方が30秒間トレーニングをしている間に、他方が休む。次の30秒間は両者が立場を逆にしてトレーニングを進めていくのである。しかしこれでは持久性の向上はあまり期待できないはずだ。

そこで、1980年頃にエアロビクスの生みの親K・H・クーパーのグループが、スーパー・サーキット・ウエイト・トレーニング（Super Circuit Weight Training）方式を編み出したのである。

これは概略、次のような方法を採る。

1 ウエイト・トレーニングの運動を選び、それを1RMの40〜60％の抵抗負荷をかけて、30秒間に12〜15回挙上動作を繰り返す。

2 その後で30秒間、ランニングのような心拍数を高められる全身運動を行なう。

3 このようにウエイト・トレーニングの運動とランニングのような全身運動とをペアにした組み合わせをいくつも用意して、コースを作るのである。

4 これらのペア運動をそれぞれ30秒間ずつ交互に繰り返しながらコースを一巡したら、再び初めの運動に戻って、2循環目に移る。これを2〜3循環する

クーパーらのグループは、たとえばスクワット、ショルダー・プレス、レッグ・カール、プルダウン、レッグ・プレス、チェスト・プレス、シット・アップ、ロウ・プーリー・カール、バック・イクステンション、バーティカル・フライといったウエイト・トレーニングの10種類の運動を選んで、これらの各

運動の間を30秒間のランニングでつないでいく形式を採った。これに彼らは、スーパー・サーキット・ウエイト・トレーニングと命名したのである。

ランニングの代わりに縄跳びやその場駆け足のような運動を使用しても構わない。

クーパーらの実験では、ランニングでつなぐ上記の10種類の運動コースを3循環するトレーニングを週3回ずつ12週間にわたって実施させ、その効果を調べている。

その結果、週に同じ回数行なったサーキット・ウエイト・トレーニングのグループ（CWG）よりも、スーパー・サーキット・ウエイト・トレーニング（SCWG）の方が、ずっと大きな効果を上げ得ることを見出したのである。たとえば、エアロビック・エンデュアランス（有酸素持久性）、体脂肪、レッグ・プレス、チェスト・プレスの各項目について みると、次のようにスーパー・サーキット・ウエイト・トレーニングの方が変化が大きい。

1　エアロビック・エンデュアランス

CWGは、男が12％、女が13％向上した。SCWGは、男女ともに17％向上し

K. H. クーパー。エアロビクスの提唱者。エアロビックな運動とウエイト・トレーニングを組み合わせた「スーパー・サーキット・トレーニング」創案者の一人

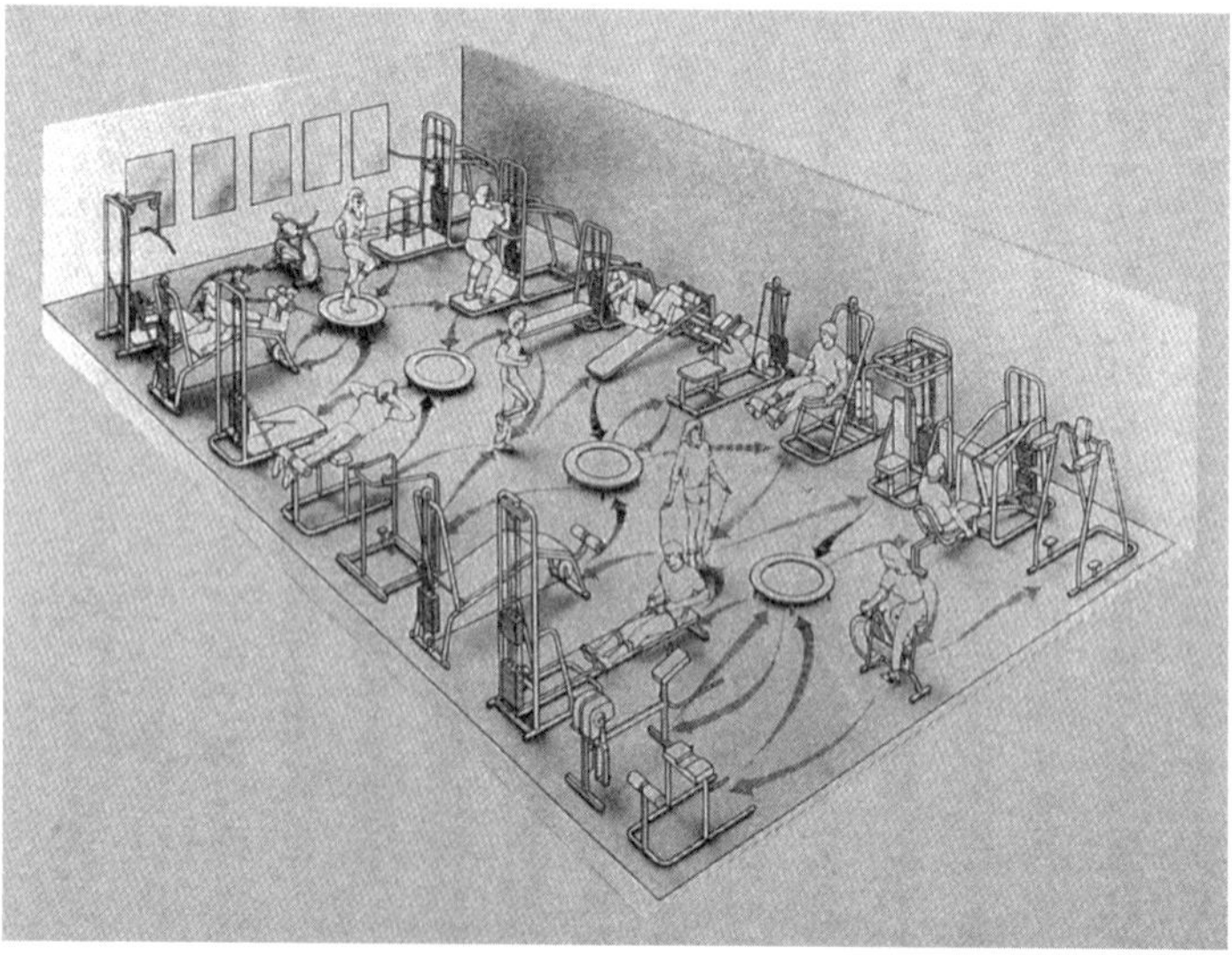

スーパー・サーキット・トレーニングの配置例

た。

2　体脂肪

ＣＷＧは、男が3％、女が2・8％減少。ＳＣＷＧは、男が4・1％、女が3・1％減少

3　レッグ・プレス

ＣＷＧは、男が15・5％、女が17・7％向上。ＳＣＷＧは、男が21％、女が26％向上

4・チェスト・プレス

ＣＷＧは、男が14％、女が20％向上。ＳＣＷＧは、男女ともに21％向上

以上に加えて、この研究を行ったスタッフの1人であるL・R・ゲットマン（Larry R. Getman）は、次のようにコメントをしている。

「以上の効果はたった12週間のトレーニ

ング効果に過ぎない。もっと長期間、たとえば1年間にわたるようなトレーニング計画の場合には、おそらくもっと大きな効果を生み出すものと思われる」

最近、わが国においても、女性のウエイト・トレーニングにかなり関心が持たれつつある。こうしたトレーニング志向者の大半の目的が肥満予防、体重減少である。この意味において、スーパー・サーキット・ウエイト・トレーニングは、将来、わが国においてももっとその愛好者が増えそうに思われる。

タイム・アロッテッド・システム

これまでに見てきたように、ウエイト・トレーニングの世界では、長年にわたってセット法が君臨してきた。これに対抗するように、ノーチラス・マシーンによるシングル・セット法が浮上してきたのは、前述した通りである。

しかし、これでもって長年伝統的に使われてきたセット法が姿を消すとは、到底考えられない。特に、スキルの習得もひっくるめた形で行なわれるウエイトリフティング競技のようなスポーツのトレーニングでは、セット法が不可欠である。

だが、1つの運動について予め決めておいたセット数をこなしていくというのが、セット法の長年の習慣だったが、これがいつの頃からか、運動種目ごとに時間を割り当てた形で行なう「タイム・

アロッテッド・システム（Time Allotted System）」が、使われるようになった。１９８０年代、この方法を採用していることで有名なのが、ブルガリアのウエイトリフティング選手である。いうまでもなく、ブルガリアはこの分野で世界の一方の旗頭である。アメリカのC・ミラー（Carl Miller）は、ブルガリアのナショナルチーム・クラスの準備期におけるトレーニングでは、次のような割当がなされているという。

1・スナッチ、またはクリーン・アンド・ジャークのテクニック（35分間）
2・パワー・スナッチ、またはパワー・クリーン（20～25分間）
3・ジャークのテクニックとパワー・ジャーク、クリーンのテクニック（20分間）
4・脚の運動（25～30分間）
5・レメディアル・エクササイズ（外傷を予防したり、一部の筋肉の過剰発達を防ぎ、バランスのとれた筋肉づくりをするための運動種目のこと。たとえばウエイトリフターに多い大腿四頭筋の過剰発達を補う形で行なわれるレッグ・カールのような運動をいう。15分間）
6・ウォーム・アップ（15分間）
7・ゲーム（40分間）

以上、1～7までで、合計2時間50分～3時間のトレーニング時間ということになる。

１９９０年代のブルガリア・トレーニング

Ｃ・ミラーが見たブルガリアの一流リフターたちのこの時間配分は、年毎に大きな違いを見せたようである。

旧ソビエトでトレーニング界の最高峰にいたＶ・Ｍ・ザチオルスキー（Vladimir M. Zatsiorsky、１９３２年〜２００６年）が上梓した"Science And Practice Of Strength Training"（Human Kinetics,1995）には、１日に2時間〜2・5時間のトレーニングは１９５５年〜56年、そして３時間〜３時間半は１９６３年〜64年頃採っていた方法だったそうである。ザチオルスキーが１９９５年に公にした右の本の１０９頁には、驚くべき数字が記されている。実にトレーニングに６時間〜４時間半という時間を日曜日を除く他の毎日のトレーニングに割いているのだ。

先に私は『若木竹丸の1日10時間以上のトレーニング』を記したが、彼の場合は『寝ざし』が主体。ウエイトリフティング競技のように『立ちざし』中心のトレーニングではずいぶんきついことが想像される。

それは次のようなトレーニング内容である（表11）。

以上はウエイトリフティング競技の分野における例だが、もちろんボディビルディングの分野でも、この方式を採用して成功したビルダーがいる。１９７６年度のＮＡＢＢＡ（イギリスに本拠を置き、ボディビルディング界を統轄している団体の一つ）主催のミスター・ユニバース・コンテスト・プロフェッショナル部門で優勝した、フランスのＳ・ヌブレ（Serge Nubret）がそうである。彼はた

表11. ブルガリア・チームのトレーニング

時間	月・水・金曜日	火・木・土曜日
09：00〜10：00	スナッチ	スナッチ
10：00〜10：30	休息	休息
10：30〜11：30	クリーン・アンド・ジャーク	クリーン・アンド・ジャーク
11：30〜12：30	エクササイズ	エクササイズ
12：30〜13：00	休息	エクササイズ
13：00〜17：00	休息	休息
17：00〜17：30	エクササイズ	エクササイズ
17：30〜18：00	エクササイズ	休息
18：00〜18：30	休息	エクササイズ
18：30〜20：30	エクササイズ	休息
エクササイズ合計時間	６時間	４時間半

とえばカールを10分間、ベンチ・プレスを15分間…という具合に時間を割り当ててトレーニングをしたことでも知られている。

　このタイム・アロッテッド・システムは、体調によって自然にトレーニング内容を変えられるのでよい。つまり体調があまりよくないときには、自然にセット間のインターバルが長くなるので、体を酷使しないですむ。投てきや格闘技の選手の筋力トレーニングとしては、この方法も面白いのではないだろうか。

ボリューム・インテンシティ・トレーニング

　１９８４年頃に、アメリカのジョー・ウィーダー研究所が発表したボリューム・インテンシティ・トレーニング（Volume Intensity Training）も、またユニークである。

　たとえば今、１００キログラムでベンチ・プレスを10回×5セット行なうとする。このとき、この5セットを実施するに要する時間を計るのである。ここではそれが15分間だったとしよう。１００キログラムを10回ずつ5セット持ち上げたのだから、この日のベンチ・プレスは総計５０００キログラム持ち上げたことになる。これを15分間で割ると、約３３３キログラム、つまり1分間当り３３３キログラムの仕事をしたことになる。

ところが、トレーニングを続けていくうちに能力が高まって同じ15分間に１００キロで12回×5セットでき出したとしたら、どうだろう。１００×12×5＝６０００、これを15分で割れば４００、つまり1分間当り４００キログラムの仕事をしたというわけだ。４００キログラムを３３３キログラムで割れば約1・2という数字が得られる。つまり10回×5セットの頃よりも20％も強くなっていることが分かる。

ボリューム・インテンシティ・トレーニングは、すでに第2次世界大戦前の朝鮮のウエイトリフティング選手たちがとっていた、トン数制トレーニングに時間という要素を加えたものである。トン数制トレーニング法、つまりトネッジ・システム（Tonnage System）は、先にも記したように、その日持ち上げた総キロ数を出す方法である。世界一を誇るソ連のウエイトリフティング選手たちも早くからこの方法を採用しており、１９６８年頃には、このようにして得た総キロ数をその日持ち上げた総回数で割り、その日の平均トレーニング重量を出す方法を採っている。たとえばベンチ・プレスで

10　8　6　4（回）

100　110　120　130（キロ）
スクワットで
10　8　6　4（回）
100　140　160　180（キロ）
行なったときには、総キロ数が６９２０キログラム、総合計回数が56回で、平均重量は６９２０キログラム÷56＝約１２３キログラムである。この平均重量でその日のトレーニングの強弱が分かるのはいうまでもない。

ピリオダイゼーション・トレーニング

ところで１９８０年頃といえば、『ピリオダイゼーション・トレーニング（Periodization Training）が注目を浴び出した年代である。英語の〝Periodization〟は『期分け』『周期化』という意味だから、『期分けトレーニング』と訳せばよいだろうか。

どんなトレーニングであっても、いつまでも同じ内容にしたがっていると、やがてはそれに飽きてくる。またトレーニングにだれてくる。そして効果が上がらなくなる。場合によっては、折角上がった効果が失われていく。そこでウエイト・トレーニングでは、ときどきトレーニング内容を変えることで、それに対応してきた。

たとえば次のようなトレーニングの変数（Training Variables）を変えるのである。
○運動種目
○負荷の強さ（反復回数、使用重量など）
○セット数
○週間トレーニング頻度
○セット間・運動間の休息の長さ
○使用器具
○トレーニングのシステム（方法）
ウエイト・トレーニングで得られる筋肉面での効果には、筋肥大・筋力・パワー・筋持久力などが上げられる。これらの内、筋肥大と筋持久力にはボディビルディング、筋力強化にはパワーリフティング、そしてパワー増強にはウエイトリフティングの手法が相応しいトレーニングである。それぞれの分野別トレーニングでの方法は、たとえば次表に上げるようなものである。

表 12. 分野別トレーニングの方法

	１セット当りの反復回数	動作スピード	セット間の休息
ボディビルディング	8～12回	緩　慢	30～90秒
パワーリフティング	1～8回	平均的	2～3分
ウエイトリフティング	1～3回	急　速	2～3分

各分野とも、１つの運動で実施するセット数は、その練習者の体力に応じて決める。ボディビルディングで筋持久力を養うためには、１セット当り12回以上（低負荷・高回数制）を採用する。

また、ウエイトリフティングでは、スナッチとクリーン・アンド・ジャークが行なわれるが、これらの運動は『クイック・リフト（Quick Lift）と呼ばれている。すでにアラン・キャルバートが、1911年に上梓したその著"The Truth About Weight Lifting"の中で、スナッチ、クリーン・アンド・ジャーク、スイング（Swing）などの挙上種目を総称してこの言葉で呼んでいる。

些か余談になったが、本題に戻る。

『ピリオダイゼーション・トレーニング』は、1980年代初期に東欧圏のウエイトリフティング競技で採られるようになった。

具体的には、筋肥大期・筋力増強期・パワー増大期・ピーキング期の4期に分け、その後で積極的休息を当てる。以上の連続を1つの周期とし、年間を1つの周期だけで乗り越えていくよりも、2つか3つの周期に分けた方が効果が大きいといわれている。

こうしたことを背景にして、アメリカのスチーブン・J・フレック（Steven J. Fleck）とウイリアム・J・クレーマー（William J. Kraemer）らは、その著"Designing Resistance Training Programs"の中で、『筋力やパワーを要するスポーツ向けピリオダイゼーション・トレーニング』として、次のような（表13）を掲げている。

（表14）は、前記の著書の中では文章で書かれているものを、私が（表13）に倣って表にしたものである。トレーニングに当たっては、表中の「セット数」に加えてウォーム・アップを軽重量で1～2セット行なうようにする。

表13. 筋力・パワーを要するスポーツ向けピリオダイゼーション・トレーニング

	筋肥大	筋　力	パワー	ピーキング	積極的休息
セット数	3～5	3～5	3～5	1～3	抵抗負荷トレーニングに拘ることなく身体活動をする
反復回数	8～20	2～6	2～3	1～3	
強　度	低い	高い	高い	非常に高い	

表14. 持久力を要するスポーツ向けピリオダイゼーション・トレーニング

	筋肥大	筋　力	パワー	ピーキング	積極的休息
セット数	4～6	4～6	4～6	3～5	抵抗負荷トレーニングに拘ることなく身体活動をする
反復回数	40～50	25～35	15～25	10～15	
強　度	低い	高い	高い	非常に高い	

これら2つの表でお気づきのように『筋肥大期』から始まって、『ピーキング期』に至るまで、各期ごとにトレーニング負荷が高められていくのが分かる。つまりこれが『ピリオダイゼーション・トレーニング』の特徴である。また『ピーキング期』は、『試合期』と理解すればよい。『積極的休息』は、そのとき採った一連の周期を振り返ってみて、次の周期の組み立てを考える期でもある。

こうして次の周期に入る。これを年間たとえば2～3もつのだが、同じ期におけるトレーニング負荷は、前回よりも当然高くなる。

セリエの『汎適応性症候群理論』を背景に

『ピリオダイゼーション・トレーニング』について、S・J・フレックらは、カナダのハンス・セリエ（Hans Selye）が唱えた『汎適応性症候群理論』、いわゆる『ストレス学説』を上げている。

この説は改めていうまでもなく、『生体にストレスがかかると、警告反応期』（ショック相と抗ショック相）、抵抗期、疲憊期の3段階の反応を順次起こしていく』というものである。

たとえば初めてバーベルを持ち上げるトレーニングをするとからだが疲れ、筋痛が起こり、体調が一時低下する（ショック相）。この時期を通り越すと、バーベルの重量に対抗できる身体的体勢が整ってくる（抗ショック相）。こうして抵抗期に入る。からだが与えられるバーベルの負荷に適応していく時期（適応期）といってもよい。反復回数や使用重量などが次第に増えて、筋肥大が起こっていく。だがこれが何時までも続くわけではない。多くの場合、右のようなトレーニング効果が上がらなくなる。これが疲憊期である。したがってこれに入る前にトレーニング刺激軽減といったような変化を与えて、さらなるトレーニング効果を上げていこうとするものである。

おわりに

以上に近代ウエイト・トレーニングが誕生して以来100余年にわたって考え出されてきた数々のトレーニング方法を大ざっぱにみてきた。筋力トレーニングとしてはもはや試みられるべきことがすべて行なわれてきたようにも思われる。

しかし、人智には限りがないことを思えば今後もなお、画期的なトレーニング法、あるいはマシーンの開発がなされるかも知れない。スポーツ記録の伸びと併せて、それらをじっくりと見守っていきたいものである。

参考文献

1）B.H.Massey, H.W.Freeman, F.R.Manson, and J.A. Wessel, The Kinesiology of Weight Lifting. WM.C. Brown Company Publishers, 1959.

2）Bob Hoffman, How to be Strong, Healthy and Happy. Strength and Health Publishing Company, 1938.

3）David Webster, The Iron Game — An Illustrated History of Weight-Lifting. Printed by John Geddes,1976.

4）Edward C.F. Chui, Systematic Weight Training for Athletic Power. Strength and Health, Feb., 1970.

5）C.M. Williams, Bar-bell Exercises. Coop & Boms, Publishers, 1891.

6）David P. Willoughby, The Super-Atheletes. A.S.Barnes and Company, 1970.

7）フランク・D・シルズ、ローレンス・E・モアハウス、トーマス・L・ドローム共著（窪田登訳）、ウエイト・トレーニングの理論と応用、不昧堂、昭和40年.

8）Eugen Sandow, Strength and How to Obtain It. Gale and Polden, Ltd., 1897.

9）G. Mercer Adam, Sandow on Physical Training. Gale and Polden, Ltd., 1894.

10）Chas. T. Trevor, Sandow — The Magnificent.

11）Apollo (William Bankier), Ideal Physical Culture and The Truth about The Strong Man. Greening & Co., Ltd., 1900.

12）Chas T. Trevor, Training for Great Strength.

13）Edgar Mueller, Goener The Mighty. The Valcan Publishing Co., 1951.

14）Alan Calvert, Super - strength. Milo Publishing Co., 1924.

15）The Milo Barbell Co., Health, Strength and Development - How to Obtain It.

16）Albert Treloar, Treloar's Science of Muscular Development - A Text Book of Physical Training. Physical Culture Publishing Co., 1904.

17）Earle Liederman, Muscle Building. 1929

18）Jim Murray and Peter V. Karpovich, Weight Training in Athletics. Prentice-Hall Inc., 1960

19）小野三嗣、鞆田幸徳、窪田登、上田雅夫著、ウエイトリフティング、不昧堂書店、昭和46年
20）Richard Kline, Body building with Barbells and Dumbbells. Healthways, 1945.
21）Bob Hoffman, Weight Training for Athletes. The Ronald Press Co., 1961.
22）Jim Halliday, Olympic Weight-lifting with Body-Building For All. Pullum and Son, 1950.
23）Joseph E. Weider, Weider Master Championship Course. The Weider Barbell Co., 1950.
24）Joseph E. Weider,　The Weider Olympic Course.
25）Peter V. Karpovich, Physiology of Muscular Activity. W.B.Saunders Company, 1955.
26）G・A・ローガン著（窪田登、小野三嗣訳）、スポーツにおけるコンディショニングの基礎、講談社、昭和47年。
27）窪田登、ウエイトリフティング・ベースボール・マガジン社、１９６５年
28）M. Dena Gardner 著（砂原茂一監訳）、運動療法の原理、医歯薬出版株式会社、昭和40年。
29）Jack Leighton, Progressive Weight Training. The Ronald Press Company, 1961.
30）D. G. Johnson and O. Heidenstam, Modern Body - Building. Faber Popular Books.
31）Theodor Hettinger, Physiology of Strength, Charles, C. Thomas. Publisher, 1961.
32）Barton Harvath, Scientific Body-building. Muscle Power, Vol. 11, No. 1, Dec., 1950
33）Strength and Health, Feb., 1951.
34）Lou Ravelle, Body-building for Sportsmen and Athletes. Stanley Paul, 1960.
35）David Webster, Velocity Training Stimulates Muscle Growth. Iron Man, Vol.,16, No.6, April-May, 1957.
36）Iron Man, Vol. 16, June-July, 1956.
37）R・E・モーガン、G・T・アダムソン共著（加藤橘夫、窪田登訳）、サーキット・トレーニング、ベースボール・マガジン社、昭和40年。
38）ネッド・ローレンス、ジョン・ラジャラ、キャロル・シュート共著（青木高、青山英康、池田勝監訳）、健康・体力づくりマニュアル、ブックハウス・エイチデイ、１９８３。

39）トーマス・K・キュアトン、体力ワーク・ブック（１９４４年にStipes Publishing Co.から出版したPhysical Fitness Workbookの日本版）。
40）猪飼道夫、杉本良一、石河利寛共著、スポーツの生理学、同文書院、昭和35年。
41）Alexander J. Young Jr., Learn From The Ancient Coaches. The International Olympic Academy - Thirteenth Session, July 1973, The Hellenic Olympic Committee, 1974.
42）窪田登、スポーツマンの体力づくり、ベースボール・マガジン社、１９６２年.
43）Bob Hoffman,Exercise Without Movement. The Bob Hoffman Foundation,1961.
44）Fred Kelly, Isometric Drills for Strength and Power. Parker Publishing Company, Inc., 1966.
45）Henry Wittenberg, Isometrics. Universal Publishing and Distributing Corporation, 1968.
46）James Hewitt, Isometrics and You. Books for You, 1967.
47）David Manners, Power of Isometrics. Sentinel Books Publishing Inc., 1965.
48）T. ヘッティンガー著（猪飼達夫・松井秀治共訳）、アイソメトリック・トレーニング、大修館書店、昭和45年.
49）ジョン・オーシア（窪田登訳）、筋力トレーニングの科学的基礎、ベースボール・マガジン社、１９７５.
50）窪田登、最新筋肉トレーニング法、稲門堂。昭和54年
51）Allen Jackson, Timothy Jackson, Jan Hnatek and Jane West, Strength Development: Using Functional Isometrics in an Isotonic Strength Training Program. Research Quarterly for Exercise and Sports, Vol. 56, No.3, 1985.
52）H. H. ヤコフレフ、A. B. コロブコフ、C. B. ヤナニス共著（貝出繁之訳）、ソ連スポーツ・トレーニングの理論と方法、不昧堂書店、昭和36年。
53）Al Murray, Modern Weight Training, Nicholas Kaye, 1963.
54）Michael J. Salvati, The Production of Muscular Bulk, Iron Man Industries, 1965.
55）窪田登、ウエイト・トレーニング、講談社、昭和54年。
56）Larry Scott, Defeat Sticking Points with The New Weider … Super Speed Repititions Proncinple!, Muscle Builder,

Dec., 1964.
57) The Experts; Strength Training, Leisure Press, 1977.
58) Ellington Darden, Strength Training Principles. Anna Publishing Inc., 1977
59) Jack H. Wilmore, Training for Sports and Activity. Allyn and Bacon Inc., 1982
60) Kenneth H. Cooper, The Aerobics Program for Total Well-Being. M. Evans and Company Inc., 1982.
61) Universal Gym, The Winning Edge. Vol. 1, No.2, November-December, 1980.
62) Carl Miller, Olympic Lifting Training Mannual.
63) 窪田登、ボリューム・インテンシティ・トレーニング、健康体力ニュース、No.51、健康体力研究所、昭和60年
64) James C. Radillife and Robert C. Farentins, Plyometires - Explosive Power Training, Human Kinetics Publishon, Inc., 1985
65) Physical Fitness Equipment, Catalog No. 67, Marcy Gym Equipment Company.

●著者紹介
窪田　登（くぼた・みのる）
1930年岡山県倉敷市に生まれる。早稲田大学第一法学部卒業。同大学体育局及び人間科学部スポーツ科学科教授を務める。退職後、吉備国際大学教授に就任。現在両大学名誉教授。1960年第17回オリンピックローマ大会のウェイトリフティング競技に出場。アジア競技大会には1951年の第1回大会から3回連続出場。『私のウェイト・トレーニング50年』（弊社刊）を始めウェイト・トレーニングの著書・訳書が多数ある

筋力トレーニング法１００年史

2007年 3 月15日　初版発行
2022年12月 1 日　初版第3刷発行
著　者　窪田　登
発行者　手塚栄司
発行所　（株）体育とスポーツ出版社
〒135-0016　東京都江東区東陽2-2-20　3階
TEL:03(3291)0911
FAX:03(3293)7750
E-mail:eigyobu-taiiku-sports@thinkgroup.co.jp
Website:www.taiiku-sports.co.jp
印刷所
美研プリンティング

ISBN　978-4-88458-209-8　C3075 ¥1000E